INICIAÇÃO À PESQUISA NO DIREITO

Maria Guadalupe Piragibe da Fonseca

Iniciação à Pesquisa no Direito

Pelos caminhos do conhecimento e da invenção

Fechamento desta edição: 31 de março de 2009

ELSEVIER

CAMPUS
JURÍDICO

Editoração Eletrônica
Tony Rodrigues

Copidesque
Livia Maria Giorgio

Revisão Gráfica
Emidia Maria de Brito

Projeto Gráfico
Elsevier Editora Ltda.
A Qualidade da Informação
Rua Sete de Setembro, 111 — 16º andar
20050-006 — Rio de Janeiro — RJ — Brasil
Telefone: (21) 3970-9300 Fax: (21) 2507-1991
E-mail: info@elsevier.com.br
Escritório São Paulo
Rua Quintana, 753 - 8º andar
04569-011 - Brooklin - São Paulo - SP
Telefone: (11) 5105-8555

ISBN: 978-85-352-3451-0

Central de Relacionamento
Tel.: 0800 026 53 40
Rua Sete de Setembro, 111, 16º andar - Centro - Rio de Janeiro
CEP.: 20.050-006
e-mail: info@elsevier.com.br
site: www.elsevier.com.br

Cip-Brasil. Catalogação-na-fonte
Sindicato Nacional dos Editores de Livros, RJ

F742i

Fonseca, Maria Guadalupe Piragibe da
Iniciação à pesquisa no direito : pelos caminhos do conhecimento e da invenção / Maria Guadalupe Piragibe da Fonseca. - Rio de Janeiro : Elsevier, 2009.

Inclui bibliografia
ISBN 978-85-352-3451-0

1. Pesquisa jurídica. 2. Pesquisa - Metodologia. I. Título.

09-1567. CDU: 340.1

Para João Pedro e Luis Felipe

Agradecimentos

A todos, colegas, alunos, amigos que, de alguma forma me incentivaram neste trabalho. Um agradecimento especial a Maria Antonia da Conceição Silva pelo seu apoio técnico impecável, sempre a tempo e hora. Agradeço, obviamente, à Editora Campus/Elsevier pela edição cuidadosa, inclusive esteticamente.

A autora

Maria Guadalupe Piragibe da Fonseca é doutora em Direito e livre docente pela Faculdade de Direito da Universidade Federal do Rio de Janeiro (UFRJ). Especialista em Filosofia pelo Instituto de Filosofia e Ciências Sociais da Universidade Federal do Rio de Janeiro. É Coordenadora Acadêmica do Curso de Direito/Ibmec-RJ.

Professora concursada da UFRJ e UFF nas áreas da Teoria do Direito, Filosofia do Direito, Sociologia Jurídica e Direito Constitucional. Lecionou também no Departamento de Direito da Pontifícia Universidade Católica do Rio de Janeiro (PUC-RJ). Foi diretora do Departamento de Documentação e Pesquisa da OAB-RJ, onde desenvolveu, em convênio com a UFF, três projetos de pesquisa sociojurídica. Lecionou em cursos de pós-graduação *lato sensu* na UFRJ, na UFF e na Faculdade de Direito de Campos, onde orientou dissertações de mestrado e teses de doutorado.

Criou na UFRJ, em 1989, o Núcleo Interdisciplinar de Direito e Sociedade (NIDS), onde coordenou uma pesquisa empírica aliada ao projeto de extensão. Disciplinas nas quais se especializou: Introdução ao Estudo do Direito, Filosofia do Direito, Teoria do Direito e Metodologia da Pesquisa no Direito. É autora de muitos artigos e de dois livros, estes últimos produtos de pesquisa empírica realizada em equipe.

Sumário

PARTE II

PARTE III

Apresentação

A atividade de pesquisa ainda não é percebida, pela maioria dos estudantes de direito, como necessária ao seu futuro exercício profissional e, por isso, é considerada dispensável como conteúdo curricular do curso de graduação. Entretanto, pelo contrário, pode-se dizer que a pesquisa faz parte do dia a dia do profissional do direito, quer dos que preferem os questionamentos teóricos e o trabalho acadêmico, quer dos que pretendem desenvolver habilidades para o exercício das profissões jurídicas do operador do direito. Os currículos clássicos dos cursos de graduação, ainda que incluam a metodologia da pesquisa como disciplina autônoma, não lhe dispensam a relevância devida, reduzindo-a, com frequência, a informações técnicas a respeito da elaboração da monografia de final de curso. Por esse motivo, muitos alunos, não encontrando material bibliográfico específico mais diversificado, nem qualquer outra orientação que os encaminhe metodologicamente, minimizam o valor da pesquisa antes mesmo de saber no que consiste.

A intenção que motivou este livro foi mostrar a importância crescente da investigação metódica, tanto científica como técnica, no campo do direito neste início de século. Importância para o questionamento e avanço da reflexão sobre o direito na condição de saber ordenado e sistematizado, como também, e consequentemente, para a maior eficácia do exercício profissional no campo da realização prática do direito. Com tal finalidade, escolheu-se direcionar as informações e reflexões aqui contidas de acordo com duas possíveis vertentes da pesquisa jurídica: a pesquisa *jurídico-científica* ou *jurídico-acadêmica* e a pesquisa *jurídico-operacional, ou técnico-jurídica.* A primeira contempla a atividade do propriamente chamado *pesquisador*, aquele que se detém no estudo de aspectos conceituais do direito para analisá-los e questioná-los em confronto com a realidade das relações sociais, com o conjunto do conhecimento jurídico acumulado e com as instituições jurídicas vigentes. A segunda está relacionada ao exercício das profissões jurídicas pelos hoje denominados *operadores do direito*, notadamente, no que se refere às atividades de identificação e interpretação das regras do direito, argumentação em face dos casos concretos e proposição de soluções tendo em vista a decisão dos conflitos reais e situados. Não há como afirmar a superioridade de um modelo de pesquisa sobre o outro, pois ambos são igualmente relevantes e interdependentes. A preferência por um dos estilos de pesquisa vai ocorrer, certamente, ditada pela inclinação do estudante por uma das profissões jurídicas diretamente engajada com as questões práticas, ou para a atividade acadêmica com ênfase na investigação realizada de acordo com procedimentos científicos. Nada impede que o bacharel possa atuar em ambas as frentes.

Não está muito longe no tempo a discussão sobre o estatuto do conhecimento jurídico: ciência ou técnica? Não obstante a seriedade com que muitas vezes o debate foi conduzido, não conseguiu superar as desconfianças sobre a sua pertinência, tanto que hoje perdeu a importância. O que aqui se denomina, pois, de pesquisa jurídico-operacional e de pesquisa jurídico-acadêmica nada tem que ver com a antiga preocupação de classificar o direito como ciência ou como técnica. Inclusive porque a ciência do direito contemporânea ganha, segundo alguns autores, aspecto de verdadeira tecnologia, como teremos oportunidade de mencionar adiante, sem perder, contudo, a dimensão de saber científico.

Entende-se aqui por pesquisa jurídica a atividade que toma por objeto do conhecimento ora uma, ora outra, as duas possíveis abordagens do direito, quais sejam: a) o direito como conjunto de conceitos e também de teses explicativas e compreensivas do sistema de regras, da validade, eficácia e justificação do mesmo sistema, bem como o confronto dessas teses e opiniões com as práticas sociais e com os valores aceitos; b) o direito como conjunto de institutos disciplinadores da conduta social, integrados por regras inquestionáveis quanto a sua obrigatoriedade, mas condicionadas ao permanente trabalho de adaptação à variedade de conflitos e demandas individuais e coletivas. Sendo assim, faz sentido que no campo da metodologia da pesquisa jurídica se considere a possibilidade de incluir perspectivas diferentes voltadas para cada uma das dimensões do estudo e da prática do direito, com a intenção de atender às respectivas especificidades. Por um lado, a discussão teórica dos conceitos, categorias, definições, à luz de realidades e exigências supervenientes, não reguladas ou precariamente reguladas pelas normas estabelecidas e, por outro, a caracterização dos conflitos jurídicos e o seu encaminhamento de acordo com critérios preexistentes.

A inclusão da metodologia da pesquisa dentre as disciplinas curriculares dos cursos de direito, desde 1996, é o resultado de reiterados debates a respeito das crises do direito e do respectivo ensino, certamente aspectos de crises maiores, como as crises da ciência e da própria sociedade, embora nem sempre assim entendidas. Muitas das críticas, que tiveram e ainda têm por alvo desde os mecanismos de operacionalização do ordenamento jurídico até os pressupostos de validade e legitimação do conhecimento do direito, vêm contribuindo para aguçar a percepção de alguns dos mais graves problemas da teoria e da prática jurídicas hoje. Espera-se que essa percepção venha a colaborar com a construção progressiva de uma visão renovada do ensino do direito e, consequentemente, com o acréscimo de qualidade da produção jurídica, tanto no nível acadêmico como no nível da operacionalização do direito.

Todavia, para que a médio prazo, se produzam efeitos significativos no tocante à emergência de mentalidade jurídica mais sintonizada com os sinais que apontam para o novo na sociedade do terceiro milênio, é preciso distinguir, com clareza, por onde começar e que aspectos ressaltar na formação do bacharel. No que se refere à metodologia da pesquisa aplicada ao direito cabe avaliar, desde logo, a sua compatibilidade com as demais disciplinas do currículo do curso de direito. Isso significa que a metodologia da pesquisa precisa estar integrada com as diferentes fases do aprendizado das disciplinas jurídicas para alcançar o seu objetivo, qual seja, servir de instrumento não apenas da realização prática dos institutos integrantes do ordenamento jurídico vigente, mas da transformação desses institutos, cumprindo o papel de guia da crítica do direito instituído. Nessa medida, a disciplina *Metodologia da pesquisa jurídica* estará contribuindo para a formação de bacharéis mais criteriosos e lúcidos relativamente ao seu desempenho profissional e mais comprometidos com a renovação do direito em face das mudanças em marcha no mundo contemporâneo, especialmente no Brasil.

Dividiu-se este livro em quatro partes, correspondentes aos sentidos da expressão pesquisa jurídica, acima mencionados, cada uma das quais subdividida em itens, de modo a tornar mais didática a exposição.

A primeira parte está voltada para a caracterização da pesquisa na área das ciências sociais e, em especial, da pesquisa científica no campo jurídico. Insiste-se na importância da pesquisa no direito em face das circunstâncias da sociedade contemporânea, do caráter multifacetado e interdisciplinar do conhecimento atual e das contradições em meio às quais o direito hoje se apresenta como objeto de estudo.

A segunda parte do livro tem por tema os modelos de pesquisa jurídica e suas correspondentes técnicas de realização. Incluiu-se nesta parte algumas informações sobre epistemologia e metodologia na área das ciências sociais da qual o direito faz parte, necessárias para que se tenha uma ideia suficientemente clara do fenômeno social que se quer acessar e, consequentemente, dos meios adequados para captá-lo.

A terceira parte do texto tem por objeto a construção e a implementação do projeto de pesquisa jurídico-acadêmica e dos passos a serem seguidos na pesquisa jurídico-operacional. São informações práticas relativas às fases de construção de um trabalho jurídico-científico ou técnico-jurídico, com o objetivo de mostrar os caminhos a serem seguidos e os recursos técnicos à disposição do estudante, de modo a que a estrutura do seu trabalho e a pertinência das conclusões fiquem garantidas. Estão descritas e comentadas as etapas de elaboração do trabalho monográfico, produto final da pesquisa.

Na quarta parte do livro incluiram-se informações atinentes à atividade do operador do direito, advogado. Focaliza o exercício da profissão do advogado junto ao Judiciário utilizando a modalidade adversarial de encaminhamento de proposta de solução, em defesa de seus constituintes. Aponta também para a oportunidade que certamente o advogado encontrará no exercício da profissão de atuar como conciliador ou mediador, modalidades não adversariais ou não judiciais de solução de controvérsias.

Na prática do dia a dia o operador advogado estará permanentemente solicitado a compreender o caso à luz das fontes do direito. Para tanto, terá de realizar pesquisa que implica a interpretação do direito com vistas a sua aplicação às situações concretas com as quais se comprometeu. Enfatiza-se nesse capítulo o conhecimento que o operador do direito precisa ter sobre a hermenêutica jurídica, como também a habilidade que precisa desenvolver para tratar situações pela via das formas alternativas de solução de controvérsias.

A produção teórico-jurídica no Brasil não é pequena, e boa parte possui qualidade, todavia, é mais interessada na divulgação e interpretação do pensamento jurídico consagrado do que na análise crítica e na análise empírica, ou de dados de realidade, necessárias para a avaliação permanente da eficácia do direito institucionalizado tanto na doutrina jurídica como no ordenamento normativo. Essa produção também é, muitas vezes, indiferente à avaliação dos possíveis benefícios da abordagem interdisciplinar da teoria e da prática jurídica. Não obstante, é necessário incluir na formação dos futuros bacharéis em direito uma reflexão sistematizada e crítica em torno das tendências do pensamento jurídico contemporâneo, desde que confrontado sempre com as relações e demandas sociais do cotidiano. É preciso, igualmente, promover o intercâmbio do aprendizado do direito com outros saberes de forma a permitir a sua constante contextualização.

O livro enfatiza (embora mostrando que esta não é a única) a pesquisa jurídico-científica a partir de dados empíricos – realizada de acordo com a metodologia das ciências sociais – como estilo que melhor se ajusta à investigação crítica, que supõe a leitura da teoria jurídica à luz das práticas sociais. O objetivo maior aqui é acentuar a importância de uma atividade eminentemente acadêmica, crítica e interdisciplinar que, quando bem conduzida, pode proporcionar conclusões e sugestões relevantes do ponto de vista da mudança legislativa, da interpretação das leis e da solução mais justa e equânime dos conflitos. Por outro lado, o texto focaliza a atividade cotidiana do operador do direito, seja ele advogado, magistrado, membro do Ministério Público, dentre outros profissionais bacharéis, acompanhando a trajetória de construção e interpretação dos fatos e das normas. Há de se frisar também, que o operador advogado, principalmente, encontra diante de si, hoje, um vasto campo para o exercício do aconselhamento e das soluções negociadas dos conflitos, que devem ser consideradas tão importantes, e em certos casos mais importantes e eficazes do que o seu encaminhamento judicial. Portanto, este é um nicho atualmente em ascensão quando se trata das possibilidades do exercício profissional do bacharel.

Este livro é fruto das reflexões em torno do assunto ao longo dos anos da década de 1990, quando a autora lecionou a disciplina Metodologia da Pesquisa Jurídica para o curso de graduação em direito da Universidade Federal Fluminense. O livro, portanto, foi especialmente escrito para os estudantes, aqueles que estão agora nos bancos das faculdades aprendendo a lidar com as relações e com os conflitos jurídicos, a identificar caminhos possíveis de regulação e solução dos litígios, assim como a optar por técnicas e por recursos retóricos apropriados à interpretação dos problemas e das normas do direito. Estudantes que precisam ser motivados a apreciar a pesquisa jurídica e a compreender que o direito e o conhecimento do direito só avançam quando questionados. Estudantes que em futuro próximo ocuparão espaços nas várias profissões jurídicas e que, em alguma medida, serão responsáveis, para bem ou para mal, pelo futuro da regulamentação jurídica, pelo perfil de conhecimento do direito, e pela função social da produção jurídica teórica e prática.

1

PARTE I

Em que consiste a pesquisa jurídica?

1.1. Pesquisa: uma aventura pelo mundo do conhecimento

É muito provável que quase todos os que iniciam os estudos jurídicos saibam, pelo menos de forma intuitiva, o que seja pesquisar. Contudo, a atividade acadêmica de pesquisa[1], para ganhar credibilidade, precisa se submeter a algumas condições preestabelecidas, que norteiam a trajetória do trabalho, desde o ponto de partida da reflexão até as conclusões finais da investigação. Por isso, apesar das muitas intuições certeiras sobre o que é a pesquisa, elas nem sempre implicam o conhecimento ordenado a respeito do *como* do desenvolvimento do trabalho metódico de investigação, do *porque* da sua necessidade para todas as áreas do saber e a respeito da relevância que possui na superação de dúvidas e de dificuldades, de mitos e de preconceitos.

Pesquisar significa investigar, procurar, com o objetivo de conhecer e/ou decidir. Sem pesquisa não se produz conhecimento novo, apenas se reproduz, repetitivamente, o conhecimento já existente. Pesquisar significa construir a realidade, pois, na medida em que o pesquisador se interessa por aspectos da natureza ou da vida social que lhe parecem instigantes, dirigindo-lhes interrogações e estabelecendo conexões entre

1. A Constituição Federal de 1988, em seu art. 207, declara que o ensino, a pesquisa e a extensão nos cursos universitários constituem atividades indissociáveis. Isso significa que a pesquisa é uma atividade acadêmica tão importante quanto as duas outras. Mais ainda, sem a pesquisa o aprendizado corre o risco de perder consistência, pois é pela via da pesquisa que a reflexão se torna um hábito.

os mesmos, está acrescentando inteligibilidade ao mundo. As múltiplas inserções no real promovidas pela pesquisa atribuem visibilidade e relevância ao que até então não era percebido, nem valorizado. Nisso consiste a construção da realidade: a realidade construída pelo pesquisador é aquela tornada pertinente para o homem, enquanto ser desejante de dominar o seu entorno, para saber e para ter.

No âmbito das chamadas ciências humanas e sociais, pesquisar significa, ainda, *problematizar* aspectos da realidade, quer dizer, fazer emergir da vida demandas e anseios difusos, transformando-os em questões articuladas e compreensíveis, passíveis de serem analisadas metodicamente, para delas se extrair respostas. Daí se deduz que os problemas relevantes para a pesquisa acadêmica não são inventados, mas encontram-se intimamente vinculados às circunstâncias da vida humana. Estão relacionados a interesses novos, que emergem no dia a dia da convivência e que, detectados pelo pesquisador, podem desencadear novos desdobramentos do conhecimento acumulado sobre a natureza, o homem e a sociedade. Por essa razão, cada pesquisa representa o elo de uma cadeia que nunca se fecha, porque, ao mesmo tempo que supõe um conhecimento anterior, abre caminho para conhecimento posterior e assim indefinidamente.

As pesquisas geram teorias. A palavra teoria tem raiz etimológica no verbo grego *theorein* que significa "ver" (Minayo, 1994: 18). A ideia contida na expressão teoria é que o conhecimento tem por base a observação. O olhar atento do pesquisador, por meio de indagações pertinentes e de recursos metodológicos apropriados, desvenda o que estava até então oculto. O sentido moderno da palavra teoria é o de construção de tese explicativa de fatos e de processos. O trabalho teórico consiste em reduzir a padrões conceituais e a proposições afirmativas a multiplicidade de dados de realidade. Trata-se de um esforço de generalização e abstração que dá unidade ao "descosido do empírico"[2]. A teoria é, pois, uma construção intelectual, válida até que seja desmentida, ou substituída por outra

2. "Sem dúvida que é útil à ciência particular o descosido do empírico, isto é, a observação parcelada dos elementos variados que compõem os conjuntos fenomênicos, mas a ciência que apenas cataloga observações sem vinculá-las e explicá-las, evidentemente não pode satisfazer". Ver Roberto Piragibe da Fonseca. *Introdução ao estudo do direito* (1983). Rio de Janeiro: Freitas Bastos, p. 32

explicação proposta por pesquisa mais recente. Isso não desmerece em nada a teoria ou opinião que ficou para trás, pois cada contribuição fruto de pesquisa representa um degrau do conhecimento, sem o qual a construção teórica subsequente não teria sido possível.

Em que consiste a pesquisa jurídica?

Nem toda pesquisa desemboca necessariamente na construção de uma teoria, pelo contrário, a grande maioria das pesquisas confirmam, comentam, criticam teorias existentes, contribuindo para divulgá-las e/ou enriquecê-las. Quem comenta, acrescenta ou combate teorias, desempenha também um papel relevante, pois contribui com uma perspectiva nova para o avanço do saber.

Assim como a pesquisa não inventa propriamente o problema objeto da investigação, pois este já se encontra de certo modo postulado socialmente, também não dispensa uma fundamentação teórica de apoio, que o pesquisador vai buscar no patrimônio acumulado de conhecimentos. Essa é uma prova da existência da cadeia de conhecimentos acima mencionada. As perguntas formuladas pelo pesquisador estão referidas a dois elementos: a) aos fatos abrangidos pelo seu "olhar científico"[3] e b) às afirmações teóricas por ele consideradas pertinentes e adequadas para justificar a pergunta formulada a respeito dos fatos objeto da sua curiosidade científica. As afirmações teóricas são mesmo indispensáveis para a postulação da relevância do estudo que o pesquisador se propõe fazer. Veremos mais adiante que a "moldura teórica" é um dos itens do projeto de pesquisa jurídico-científica.

A pesquisa, seja em que área for, supõe disposição para enfrentar desafios. Os desafios não vêm apenas da realidade e dos seus "segredos", vêm, também, do saber constituído que, muitas vezes, arrogantemente, se autodefine pronto e acabado. É preciso, portanto, evitar a timidez reverencial diante das afirmações teóricas, mas, partindo delas, fazer sempre leituras críticas. Vale dizer que não há qualquer teoria, por brilhante e completa que seja, ou pareça ser, capaz de oferecer uma explicação cabal dos fenômenos e processos sob a sua mira. Devem ser, por esse motivo, serenamente apreciadas como explicações parciais da realidade

3. Mirian Goldenberg, *A arte de pesquisar – como fazer pesquisa científica em ciências sociais* (2000). Rio de Janeiro: Record, p. 13.

e consideradas válidas desde que se aceitem as premissas que lhes serviram de base. Por exemplo, a *Teoria Pura do Direito*, do jurista austríaco Hans Kelsen, pressupõe que só a forma da norma jurídica pode ser objeto de um saber jurídico-científico. Quem comungar integralmente com seu ponto de partida filia-se à sua escola. Quem admitir outras dimensões do direito como passíveis de serem analisadas no contexto do conhecimento jurídico-científico, então enviesa por outros caminhos, não obstante a possibilidade de concordar em parte com as teses de Kelsen[4].

Pesquisa supõe criatividade? Sem dúvida. Contudo, a criatividade na ciência não se dá exatamente como a inspiração na arte[5]. Mesmo a inspiração artística não deixa de estar, em certa medida, conformada por regras técnicas. Observe-se que a crítica artística e literária costuma apreciar uma pintura ou uma poesia tanto sob o ângulo da inspiração do autor, como sob o aspecto do rigor estilístico. Se assim ocorre com as obras de arte, com mais razão, ainda, com as obras de ciência. Estas só são admitidas como tais quando o trabalho se submeteu a um arcabouço conceitual e seguiu os passos ditados pela metodologia. No campo da ciência, a criatividade precisa estar presente, em maior ou menor intensidade, mas o certo é que a criatividade levará a pesquisa a bom termo na medida em que se deixar modelar pelos critérios das disciplinas científicas, e a partir daí atravessar, pacientemente, passo a passo, as etapas programadas. Nesse sentido Minayo diz, apropriadamente, que a pesquisa é "labor artesanal" .

A pesquisa, enfim, é sempre uma aventura por lugares em parte desconhecidos, que o pesquisador tem o prazer de desbravar para, ao final do trabalho, poder chegar a conclusões que acrescentem algo ao que já foi afirmado por antecessores seus. Mesmo que o resultado não seja espetacular, no sentido de desvendar fatos ou processos absolutamente novos, a

4. Hans Kelsen nasceu em 1881 em Praga, no Império Austro-Húngaro e faleceu em 1973 em Berkeley, nos Estados Unidos. Kelsen é, dentre os teóricos do direito, um dos que maior influência exerceu sobre o pensamento jurídico contemporâneo. A maior preocupação do autor foi criar uma metodologia científica rigorosa a ser aplicada ao conhecimento do direito. Em sua principal obra, a *Teoria pura do direito* – editada em três versões (1934, 1953 e 1960) – Kelsen defende a tese do conceito de direito como norma e, consequentemente, o estudo da norma jurídica como tema privilegiado da ciência do direito.

5. "Diferentemente da arte e da poesia que se concebem na inspiração, a pesquisa é um labor artesanal..." Minayo. Maria Cecília de Souza (org.) (1994). *Pesquisa social:* teoria, método e criatividade, 4. ed., Petrópolis: Vozes, p. 25.

pesquisa bem conduzida sempre vale, pois é graças a ela que o diálogo da ciência se mantém ininterrupto.

1.2. Pesquisa na área das ciências sociais: características

Em que consiste a pesquisa jurídica?

Para a compreensão inicial do caráter peculiar das ciências sociais, dentre as quais se encontra o direito, convém partir da conhecida distinção entre ciências *da natureza* e ciências *do social*. Essa dicotomia firmou-se com os autores pós-kantianos da Escola de Baden[6], que partindo das duas categorias originárias, *natureza* e *cultura*, postularam uma metodologia específica para a abordagem dos fenômenos sociais.

Com efeito, a realidade social está para a realidade natural assim como o homem está para o mundo físico[7]. Os fenômenos sociais são fatos humanos, ou fatos do comportamento. Sendo assim, quando se fala em regularidades dos processos sociais, estas pouco ou nada têm que ver com as regularidades registradas na natureza. Isso porque o social está embebido da autodeterminação humana que comanda relações e processos, dando-lhes a dimensão da imprevisibilidade, fator com o qual a análise do social há de contar sempre.

É preciso registrar que nunca foi possível uma separação satisfatória entre o objeto das ciências da natureza e o das ciências do social[8]. Entretanto, certamente alguma especificidade existe que nos permita identificar um objeto de estudo social e escolher uma metodologia

6. Baden cidade situada no sudoeste da Alemanha foi palco do desenvolvimento de uma corrente neo-kantiana do pensamento filosófico no final do século XIX que ficou conhecida como Escola de Baden. Os adeptos da Escola se ocuparam em afirmar o valor das ciências da cultura, ou do espírito, como equivalente ao das ciências da natureza. As ciências da cultura buscam explicar o que há de peculiar na vida dos povos: sua língua, religião, ordenamento jurídico, criações artísticas etc. Ver, para maiores detalhes, Teófilo Urdanoz (1978). *Historia de la Filosofía* vol. VI. Madrid: Biblioteca de Autores Cristianos, p. 99 e s.

7. Miguel Reale, usa uma expressão pitoresca para significar a diferença entre o mundo da natureza e o mundo social ou da cultura: o "cru e o cozido", que correspondem ao dado e ao construído. Ver *Lições preliminares de direito* (1979). São Paulo: Saraiva, p. 24.

8. Embora não seja este o lugar de aprofundar discussões filosóficas, basta mencionar uma opinião bastante difundida segundo a qual há temas, como o da vida orgânica, por exemplo, que podem ser analisados segundo métodos de ambos grupos de ciências. Entretanto, vale considerar o que diz o filósofo alemão Windelband (1848/1915), fundador da Escola de Baden, que o momento histórico e o momento naturalista do saber possuem fontes diferentes. Ver T. Urdanoz, ob. cit., p. 103.

adequada para acessá-lo. Existem, efetivamente, algumas diferenças "confiáveis", no sentido de que podem servir de guia na caracterização inicial daquilo que nos interessa como objeto de estudo, bem como dos recursos metodológicos a serem utilizados para melhor compreendê-lo.

Segundo Pedro Demo (Demo, 1983: 15) as principais notas distintivas do objeto das ciências sociais são as seguintes: a) o objeto das ciências sociais é *histórico*; b) existe identidade entre sujeito e objeto quando se pesquisa no campo do social; c) os objetos das ciências sociais se prestam mais a abordagens qualitativas do que quantitativas; d) as ciências sociais são *ideológicas*.

Quanto à primeira nota, a *historicidade* do objeto das ciências do social, significa que os fatos sociais, ocorrem na história e, por esse motivo, o seu movimento é contínuo, não se completa nunca. Quando elegemos, portanto, um tema de estudo no campo das ciências sociais, estamos, de certo modo, "congelando" um momento do vir-a-ser do objeto, subtraindo-o ao movimento para torná-lo objeto de análise. Ao recortar o objeto, estamos, de certa forma, recortando também um pedaço da história, mas sem perder a consciência de que se trata de momento fugidio. Sob esse enfoque, melhor do que considerar o direito como *produto da história* seria observá-lo como *processo de construção*, ou seja, considerar o direito na sua dinâmica, na sua constante mutação.

A segunda nota diz respeito à relação sujeito-pesquisador/objeto-pesquisado, que no campo das ciências sociais é muito estreita, a ponto de valer a afirmação de que quase se confundem. De fato, o distanciamento do pesquisador relativamente a uma parte da natureza – mineral, animal, vegetal – tem caráter diferente do distanciamento que precisa guardar relativamente a uma questão social, tais como mulheres trabalhadoras, menores abandonados, violência urbana, negócios empresariais, crise do Judiciário, dentre outras. No âmbito das ciências sociais o ponto de referência da construção do objeto e da implementação de todas as fases da pesquisa é a vida social, lugar de onde o pesquisador observa e, ao mesmo tempo, lugar do objeto observado. Entre um biólogo marinho e os peixes que ele descreve há uma distância grande, pois o primeiro, o biólogo, está situado no mundo da cultura ou mundo social, enquanto o seu objeto de estudo pertence ao mundo da natureza. Entre o pesquisador social e o seu objeto, como é fácil perceber, existem muitos pontos comuns, pois ambos se situam no mesmo "mundo": a vida social. Daí o risco sempre presente de o cientista social, na medida em que se envolve com o objeto analisado, vir a perder em algum momento a objetividade necessária, como, por exemplo, quando se deixa iludir por abordagem preconceituosa[9].

Em que consiste a pesquisa jurídica?

A terceira nota está relacionada aos métodos aplicados ao conhecimento e análise do objeto. No caso das ciências sociais são mais apropriadas as análises qualitativas do que as quantitativas. Estas últimas se prestam a trabalhos do tipo estatístico, por exemplo, onde a finalidade é levantar numericamente os dados, a partir dos quais as regularidades dos fenômenos serão detectadas para que regras gerais possam ser enunciadas. Os recursos quantitativos oferecem segurança, uma vez que os resultados obtidos são capazes de proporcionar a exata medida das situações estudadas, tais como o levantamento da população de uma cidade segundo as variáveis de sexo, idade, estado civil, profissão, dentre outras.

Contudo, há realidades sociais complexas dificilmente quantificáveis ou não compreendidas na sua totalidade apenas sob o ângulo da quantificação. Suponhamos uma hipótese de pesquisa que indague a relação entre a cidadania e o respeito aos direitos individuais e coletivos. Não há como quantificar essa relação, nem se trata disso, mas sim de avaliar o grau de vivência da cidadania por uma população ou segmento desta, de acordo com variáveis, como índices maiores ou menores de eficácia das leis, por exemplo, da lei que determina a obrigatoriedade do voto, ou de efetivação das garantias previstas nas leis, por exemplo, o resultado de políticas de educação e saúde para todos. As realidades não quantificáveis são mais dificilmente analisadas, por isso mesmo exigindo do pesquisador reflexão rigorosa e extrema atenção para perceber os sinais que apenas afloram dos fatos. Todavia, não é impossível tratar quantitativamente eventos qualitativos. A esse respeito Júlio Cesar Rodrigues Pereira desenvolveu um trabalho notável a respeito de

9. Clifford Geertz lembra que a Teoria Estrutural da História de Sahlins mostra "que o que ainda está muito presente entre nós é o modelo irracionalista da mentalidade primitiva, que achava que as crianças, os selvagens e os psicóticos eram uma coisa só", entretanto, "culturas diferentes" pedem "racionalidades diferentes". *Nova luz sobre a antropologia* (2001). Rio de Janeiro: Jorge Zahar Editor, p. 99.

procedimentos que permitem quantificar dados qualitativos, partindo do pressuposto da natureza métrica destes últimos[10]. Infelizmente, dadas as limitações impostas a um texto didático como este, não é possível abranger a proposta do autor mencionado. Vale acrescentar que a pesquisa qualitativa se debruça sobre o sentido dos comportamentos humanos, que se encontram embebidos de valores, crenças, paixões e outros elementos que podem ser identificados como fatores de motivação das ações e reações humanas. Compreender e não apenas explicar o mundo das condutas é a finalidade dos cientistas sociais.

A quarta nota é o caráter ideológico das ciências sociais. Em que consiste a ideologia? A origem etimológica das palavras nos ajuda a entender o seu sentido. No caso, *ideo – log(o)* significa ciência ou conhecimento das ideias, estudo da formação das ideias. Mas, no campo da filosofia, a palavra ideologia ganhou o sentido de pensamento teórico que se desenvolve independentemente dos fatos sociais, políticos e econômicos que formam a sua base de sustentação, mas que ficam camuflados sob a abstração dos princípios em torno do qual o pensamento se constrói. Por esse motivo, as ideologias são acusadas de divorciadas das condições históricas, ou mesmo manipuladoras dos fatos. As construções ideológicas são utilizadas como critérios justificadores de interesses, de pontos de vista, de preferências, de prioridades, de preconceitos comuns em determinados espaços e momentos da vida social[11].

---

10. "O dado qualitativo é uma forma e quantificação do evento qualitativo que normatiza e confere um caráter objetivo à sua observação. Nesse sentido, constitui-se em alternativa à chamada pesquisa qualitativa, que também se ocupa da investigação de eventos qualitativos mas com referenciais teóricos menos restritivos e com maior oportunidade de manifestação para a subjetividade do pesquisador. Essas duas abordagens alternativas, não raro, são confrontadas numa falsa oposição que busca uma ordem de precedência entre elas, a qual carece de pertinência e só encontra abrigo na intolerância, inimiga da ciência e da verdade". Júlio Cesar Rodrigues Pereira (2001). *Análise de dados qualitativos: estratégias metodológicas para as ciências da saúde e sociais*, 3. ed. São Paulo: Editora da USP, p. 21/22.

11. "(...) podemos dizer que a ideologia é um fenômeno moderno, substituindo o papel, que antes dela, tinham os mitos e as teologias. Com a ideologia, a explicação sobre a origem dos homens, da sociedade e da política encontra-se nas ações humanas, entendidas como manifestação da consciências ou das ideias (...) a consciência humana, independentemente das condições históricas materiais, pensou nessas ideias, julgou-as corretas e passou a agir por elas, criando a realidade designada e representada por elas". Marilena Chauí, (2006). *Convite à filosofia*, 13. ed. São Paulo: Ática, p. 389.

Evidentemente que a ideologia está presente sempre, inclusive nas ciências naturais, na medida em que a escolha do pesquisador a respeito do seu objeto de estudo, bem como o uso que posteriormente alguém venha a fazer das suas conclusões são ditados por preferências ideológicas. Pode ser que escape totalmente ao pesquisador a aplicação futura da sua invenção ou conclusão. Vale lembrar aqui, a propósito, a frustração de Santos Dumont ao ver a sua invenção, o avião, ser utilizado como instrumento de guerra. Há de se considerar, no entanto, que, do ponto de vista ideológico, existe uma distinção relevante entre objetos de estudo das ciências naturais e das ciências sociais. Estes últimos, ao contrário dos primeiros, são, por si mesmos, ideológicos. Assim, questões como cidadania, relações de trabalho, globalização, mercado, violência urbana, agressão ao meio ambiente e tantas outras não são definidas da mesma maneira por todos, justamente porque os enfoques variam de acordo com opções ideológicas. O cientista social que pretender ser neutro diante do seu objeto de estudo já está optando por uma ideologia: a da pretensa neutralidade diante dos fatos sociais. O cientista lúcido sabe perfeitamente que não pode "driblar" a ideologia, mas sabe, também, mantê-la sob controle, de sorte a não inviabilizar a objetividade necessária do seu trabalho. É justamente por isso que existem critérios metodológicos que, quando corretamente utilizados, garantem ao pesquisador a suficiente isenção diante do objeto estudado.

Em que consiste a pesquisa jurídica?

1.3. Pesquisa no campo do direito

1.3.1. Abordagens possíveis do fenômeno jurídico

O objeto da pesquisa no campo do direito é o *fenômeno jurídico*. É preciso considerar que o fenômeno jurídico, sendo um fenômeno complexo, permite abordagens diferentes que, em princípio, podem ser realizadas no contexto de dois estilos de pesquisa. O primeiro estilo corresponde à pesquisa acima denominada *jurídico-científica*. Este estilo de investigação, partindo de indagações quer apenas conceituais, quer de base empírica também, podem ser dirigidas – de acordo com as preferências do pesquisador – para a obtenção de conhecimento teórico-especulativo ou para conhecimento também de natureza teórica, mas destinado a eventual aplicação aos fatos, à realidade das relações sociais[12]. O estudo da linguagem aplicada ao direito, por exemplo, quando focado à luz dos instrumentos analíticos da filosofia da linguagem, pode conduzir a um conhecimento do tipo teórico-especulativo[13]. Uma pesquisa sobre hermenêutica jurídica, por exemplo, focada na análise de técnicas de interpretação do direito, pode levar a um conhecimento com repercussão direta na prática jurídica, não só quando está inspirada em dados sociopolíticos ou históricos, como quando os seus resultados podem trazer sugestões a respeito da revisão de métodos da hermenêutica jurídica moderna[14].

O segundo estilo de investigação se refere à pesquisa acima nomeada *técnico-jurídica*. Aqui se trata de abordagens no campo principalmente da dogmática jurídica e do ordenamento jurídico vigente destinadas a revelar a norma adequada à solução de conflitos. A pesquisa técnico-jurídica ou jurídico-operacional, realizada pelo operador do direito, não tem as mesmas características da pesquisa jurídico-científica, nem se utiliza das mesmas técnicas. Contudo, a busca da norma ou normas adequadas a partir da consulta ao ordenamento jurídico em vigor, dentre outros elementos eventualmente consultados, envolve uma atividade de pesquisa tão metódica como a pesquisa jurídico-científica. Tanto é assim que o estudo do direito que objetiva a identificação da norma e as operações de interpretação e aplicação das regras do ordenamento jurídico constitui uma parte importante da ciência do direito, integrada por diferentes propostas metodológicas.

1.3.2. Especificidades da pesquisa jurídica

A pesquisa no campo do direito capta o fenômeno jurídico na sua dimensão de objeto de conhecimento e como tal vinculado intimamente com

12. Tércio Sampaio Ferraz Jr. em seu livro *Introdução ao estudo do direito* (2003), 4. ed., São Paulo: Atlas. p. 44 a 47, quando se refere às investigações que denomina de *zetéticas*, divide esse campo em *zetética empírica* e *analítica*, cada uma das quais podendo ser, do ponto de vista da aplicação dos resultados, *pura* e *aplicada*. Inspiramo-nos nessa concepção de Ferraz Junior para adaptá-la ao que entendemos ser possibilidades da pesquisa jurídico-científica.

13. Refiro-me especialmente ao livro de Noel Struchiner *Direito e linguagem – uma análise da textura aberta da linguagem e sua aplicação ao direito* (2002). São Paulo: Renovar.

14. Foi esse o estilo de pesquisa realizada por Margarida Maria Lacombe Camargo, cujos resultados estão publicados no seu livro *Hermenêutica e argumentação, uma contribuição ao estudo do direito* (2003), 3. ed., Rio de Janeiro: Renovar.

objetos de outras ciências sociais. Nesse sentido, diz-se que a pesquisa jurídica precisa ter um viés interdisciplinar com a finalidade de ir lançando luz sobre uma ou mais facetas do fenômeno, que graficamente poderíamos representar como um poliedro.

Em que consiste a pesquisa jurídica?

A ciência do direito tem dupla dimensão, é *dogmática* e *social.* No momento, interessa focalizar a dimensão de ciência social do direito. Como ciência social, o direito participa, quanto à construção do conhecimento, de alguns aspectos ou técnicas da metodologia das ciências sociais, como a sociologia, e antropologia e outras. Contudo, há especificidades que não podem ser ignoradas quando se trata de avaliar o quê e o como da pesquisa jurídica. O direito tem características muito próprias. Desde logo, é preciso indagar sobre a *função do direito* na sociedade, tanto no que se refere à produção do saber teórico como à aplicação prática desse conhecimento. A pesquisa no campo do direito, mesmo quando elaborada no nível da construção e reconstrução conceitual, não está divorciada da dimensão prática, pois a análise constante dos conceitos e categorias jurídicas é requisito indispensável do aprimoramento da prática. Nesse sentido, não há pesquisa jurídica puramente teórica, pois mesmo que indiretamente, os resultados da investigação jurídico-científica têm reflexos, positivos ou negativos, na solução de problemas da prática jurídica. Seria no mínimo impróprio um projeto de pesquisa envolvendo institutos jurídicos, teorias, leis, jurisprudência dos tribunais desvinculada da finalidade do direito, qual seja, regulamentar a vida social de acordo com critérios de oportunidade e de justiça. Com efeito, o pesquisador há de atentar, permanentemente, para o fato de que o direito cumpre papel social insubstituível, à luz do qual toda e qualquer atividade dos bacharéis profissionais há de ser avaliada. A pesquisa no direito deve estar direcionada para a identificação e aperfeiçoamento dos critérios de regulamentação das relações sociais e de solução dos conflitos jurídicos. Dito isto, fica mais fácil compreender o que há de peculiar na pesquisa realizada nos domínios do direito.

Em primeiro lugar, é preciso lembrar que o *objeto material* da ciência do direito é o mesmo de outras ciências, tais como a ciência política ou a sociologia. O cientista político, o sociólogo e o jurista podem eleger como objeto de pesquisa o mesmo tema, por exemplo, o Poder

Judiciário, ou a eficácia das leis, ou qualquer outro assunto pertinente ao vasto rol das disciplinas jurídicas. Sendo assim, o que se denomina objeto de estudo propriamente dito pode ser comum a várias pesquisas na área das ciências sociais, mas é o *enfoque* a que se submete o objeto que permite distinguir uma ciência da outra. Ao sociólogo interessaria estudar, digamos, a composição e o funcionamento do Poder Judiciário, para verificar a correspondência entre o papel que esse órgão se auto-atribui e as expectativas sociais a respeito do funcionamento desse órgão. O cientista político poderia optar por desenvolver uma análise do Judiciário como estrutura de poder estabelecendo as suas vinculações com outros elementos dessa estrutura em determinada sociedade. Ao jurista esses aspectos mencionados do estudo do Poder Judiciário certamente interessam, porém, o seu especial enfoque não pode esquecer a função desse órgão como intérprete e aplicador das normas vigentes, em face dos conflitos entre pessoas (lide), ou seja, o Judiciário como agente solicitado pela lei a dizer o direito (*jurisdictio*), em face dos conflitos de interesses não resolvidos pelo consenso. O enfoque próprio do pesquisador em sua área de atuação denomina-se *objeto formal* que consiste no especial "olhar" que o pesquisador lança sobre o tema escolhido.

Em segundo lugar, o que distingue uma pesquisa de outra é o *método*. O método permite ao pesquisador posicionar-se em função de pontos de partida escolhidos que o levarão a avaliações e conclusões quanto ao sentido do objeto estudado. A metodologia permite delimitar áreas de apreensão do objeto que, longe de esgotá-lo, apenas circunscrevem o aspecto ou aspectos a serem focalizados. É nesse sentido que se pode admitir o método como facilitador de um especial enfoque, possibilitando ao pesquisador o aprofundamento típico da investigação científica.

A especificidade do método, no entanto, não inviabiliza o que Eduardo Bittar chama de "zonas de tangenciamento"[15] entre os métodos de dife-

15. "(...) a metodologia consente à ciência a circunscrição de uma área delimitada de apreensão daquilo que se faz como objeto, o que não significa (...) que não exista uma zona de tangenciamento ou até de interpenetração metodológica entre as ciências (...). Tal decorre não só da heterogeneidade característica dos fenômenos, que produzem efeitos e consequências nas múltiplas escalas da experiência humana, mas também da própria dialética existente entre os diversos ramos científicos". Eduardo Bittar, *Metodologia da pesquisa jurídica:* teoria e prática da monografia para cursos de direito (2001). São Paulo: Saraiva, p. 52, nota 115.

rentes ciências, notadamente das ciências sociais. Hoje esse entendimento tende a se difundir com o nome de interdisciplinaridade, e a começar a ser aplicado nos trabalhos jurídicos, área de estudos tradicionalmente avessa aos intercâmbios com outras ciências. Mas a interdisciplinaridade já não pode ser deixada de lado, quando cada vez com mais evidência se impõe o fato de que a compreensão dos fenômenos depende de se admitir o seu caráter multifacetado e, consequentemente, a capacidade desses fatos para produzir efeitos em setores diferentes da vida. Além do que, as ciências não se constroem de modo isolado, mas interagem, de sorte a confirmar ou contrariar, reciprocamente, as respectivas conclusões.

Em que consiste a pesquisa jurídica?

Finalmente, a escolha, tanto do *enfoque* a ser dado ao objeto, como dos *recursos metodológicos* a serem adotados depende de uma concepção de direito (o que é direito?). Essa pergunta é prévia e a resposta que lhe dê vai condicionar toda a trajetória da pesquisa: desde a escolha do objeto e da metodologia, até as conclusões do trabalho. Trata-se, portanto, de uma questão logicamente anterior à questão metodológica. Essas questões precisam ser encaminhadas na sua ordem, sob pena de confusões que podem pôr a perder o esforço do pesquisador. Então vejamos: quando se indaga sobre o que é o direito, ou melhor, sobre o que a palavra direito designa, duas vertentes se abrem no sentido da resposta: a primeira vertente pretende que exista algo que, na sua essência, seja direito, a segunda prefere determinar o significado da palavra direito[16].

A primeira vertente considera que – como foi dito acima – o direito, como fato social, não apenas *está* na história, mas ele mesmo *é* história. Portanto, a pergunta sobre o seu ser levará, indefectivelmente, a considerações sobre o seu *vir a ser*[17] , já que, só podemos captar o direito, no que possui de próprio, no movimento ininterrupto da história, responsável pelos conteúdos e formas jurídicas concretas. Não obstante o caráter

16. As duas vertentes estão fundadas em diferentes concepções de língua e a aplicação destas à definição de direito. Leia a esse respeito a síntese feita por Tércio Sampaio Ferraz em *Introdução ao estudo do direito* (2004), ob. cit., p. 36 a 40.

17. "(...) quando perguntamos o que o direito é, estamos antes perguntando o que ele vem a ser, nas transformações incessantes do seu conteúdo e forma de manifestação concreta dentro do mundo histórico e social. Isso não significa, porém, que é impossível determinar a "essência" do Direito – o que, apesar de tudo, ele é, enquanto vai sendo". Roberto Lyra Filho (1983) *O que é direito?* 3. ed. São Paulo: Brasiliense, Série Primeiros Passos, p. 14.

fugidio dos fenômenos sociais – dentre os quais o direito se inclui – há algo de constante no fluxo contínuo de mudanças, algo que permanece apesar da diversidade e que permite afirmar o *ser* do direito.

Mas, a respeito do *algo que permanece* em meio às mudanças sofridas pelo direito no decurso do processo histórico, não há consenso, pelo contrário, a questão é, e sempre foi, polêmica. Isso ocorre porque o direito é um fenômeno complexo, seus aspectos permanentes são vários, sendo que, a afirmação de um deles como determinante do que o direito é, resulta ser ideológica: direito como justiça, direito como norma, direito como relação etc. Além do que, normalmente as definições que tentam captar a essência do direito são definições apenas formais e demasiadamente abstratas, nada dizendo sobre o conteúdo do direito. Miguel Reale, por exemplo, define o direito como realidade tridimensional: fato, valor e norma[18]. Formalmente trata-se de definição satisfatória, mas, quando se pergunta sobre quais fatos sociais, sobre que valores, ou qual a sua hierarquia; sobre que preceitos normativos, já nos encontramos no campo do histórico, do cultural, do contingente, do circunstanciado. Sendo assim, essa corrente não consegue fornecer dados que permitam traçar os contornos do que o direito é universalmente.

A segunda corrente indaga sobre o significado da palavra direito, contenta-se com o uso comum da palavra na comunicação entre os homens. Os usos não são neutros, pelo contrário, estão vinculados a escolhas valorativas. Há definições que enfatizam a finalidade de justiça postulada por toda e qualquer regulamentação jurídica, outras que frisam o elemento força (coação) que acompanha a norma, outras ainda que designam o direito como um sistema de normas, outras que identificam o direito com uma disciplina com pretensões científicas destinada ao estudo dos ordenamentos jurídicos. Kelsen definiu o direito como norma, criando uma teoria da norma (Kelsen, 1986). Bobbio define o direito como ordenamento, desenvolvendo uma teoria do ordenamento jurídico (Bobbio, 1989). Portanto, quando se opta por uma definição de direito tem-se de ter presente dois condicionamentos: a) toda definição é *uma definição*

18. "Fato, valor e norma estão sempre presentes e correlacionados em qualquer expressão da vida jurídica, seja ela estudada pelo filósofo ou sociólogo do direito, ou pelo jurista como tal (...)". Miguel Reale (1968). *Teoria tridimensional do direito*. São Paulo: Saraiva, p. 73.

possível e não a única; b) a definição pela qual alguém opta tem *raízes em preferências* (fator emotivo), por isso mesmo, quem a escolhe, *defende-a* como sendo a melhor definição de direito (fator persuasão).

Em que consiste a pesquisa jurídica?

Ao longo da história do direto ocidental – dos romanos ao século XXI – vários elementos se foram articulando de forma a permitir que hoje a pesquisa jurídica contemporânea possa contar com definições de direito razoavelmente seguras, no sentido de que correspondem ao que se poderia chamar *prática e conhecimento jurídicos acumulados.* Do ponto de vista do conhecimento, o direito é definido como uma ciência tradicionalmente denominada *teoria dogmática do direito* ou *ciência dogmática do direito.* Do ponto de vista da realização prática as definições mais correntes afirmam o direito como ordenamento, uno, completo e coerente de normas, a ser aplicado por órgãos estatais na identificação e solução dos problemas e conflitos, tendo como finalidade a proteção dos direitos individuais e coletivos. Hão de se considerar, ainda, as definições ditas *críticas* do direito que partem de uma análise das deficiências da teoria jurídica dogmática, desde que confrontada esta com a realidade das relações intersubjetivas e conflitos nas sociedades contemporâneas. Embora não dispondo dos pressupostos firmes que são encontrados da teoria dogmática, o movimento crítico do direito deu passos decisivos na direção da pesquisa sobre novos fundamentos da teoria do direito[19]. A pesquisa jurídica hoje, considerando, como não pode deixar e ser, elementos da teoria jurídica dogmática, terá de introduzir necessariamente uma perspectiva crítica dessa mesma teoria a partir de práticas sociais observadas. Esse é o modo de garantir a pertinência do tema escolhido para pesquisar e a eficácia dos resultados para a melhor adequação do direito às relações jurídicas que vão surgindo.

Ainda com relação às especificidades da pesquisa jurídica cabe distinguir a pesquisa *teórica* da pesquisa *empírica* no direito. A pesquisa teórica, com base na análise de conceitos e respectivas teorias é a mais praticada, tendo portanto larga tradição no campo do pensamento

19. Leia a esse respeito *Introdução ao pensamento jurídico crítico* (2001). Antonio Carlos Wolkmer, São Paulo: Saraiva.

jurídico. Consiste em estudos sobre os mais diversos temas jurídicos, a partir de pontos de vista teóricos também diversos. Essa análise se faz segundo procedimentos que visam aprofundar a compreensão dos textos, sob o aspecto preferido do pesquisador, para posterior avaliação. Inicia-se com a leitura e releitura dos textos escolhidos para deles destacar as principais teses. Segue-se o paralelo entre o(s) texto(s) de determinado autor com outros de autores diferentes, com vistas a identificar influências, realizar desdobramentos de ideias, detectar oposição ou coincidência de pontos de vista dentre outras abordagens. Termina com a apreciação do que foi lido e a respectiva crítica. Nesse terceiro momento o pesquisador expõe a sua própria opinião e, se for o caso, propõe uma nova tese.

A pesquisa empírica toma como ponto de partida dados de realidade, sob a forma de relação jurídica, ou das repercussões práticas da aplicação de determinado instituto jurídico, ou da observação de práticas sociais e/ou institucionais, ou ainda dos conflitos jurídicos em busca de solução. Essas referências de realidade constituem o patamar de construção de uma hipótese que o pesquisador propõe com o objetivo de compreender o grau de vinculação entre o direito instituído e a realidade social. A primeira fase da pesquisa empírica é a coleta de dados de campo; a segunda é a sistematização desses dados e a terceira, a análise e compreensão dos dados de acordo com molduras teóricas previamente estabelecidas. A análise levará à conclusão sobre a confirmação ou não da hipótese inicialmente levantada.

Ambas pesquisas – teórica e empírica – são relevantes. Na verdade, uma pesquisa empírica sem sustentação teórica está fadada a se frustrar. Por que? Porque não ultrapassará o nível dos fatos, sem condições de extrair destes, consequências pertinentes para a proposta de reforma do direito. Por outro lado, a pesquisa teórica não pode perder de vista a sua necessária repercussão prática, sob pena de se tornar mera elucubração sem ressonância na vida social.

2. POR QUE PESQUISAR NO CAMPO DO DIREITO?

Essa pergunta ainda é bastante comum entre estudantes e mesmo entre profissionais do direito. Não obstante o discurso que afirma o caráter científico do direito, de fato muitos operadores do direito agem como se o conhecimento jurídico não passasse de técnica apenas. Na verdade porém, o conhecimento jurídico evoluiu graças à reflexão dos juristas de todos os tempos em torno das categorias e instituições jurídicas, ou seja, a pesquisa sempre esteve presente como atividade típica do jurista. Por outro lado, a prática da aplicação do direito, historicamente, nunca esteve divorciada da teoria, quer dizer, do produto da pesquisa jurídico-científica. Essa vinculação se apresenta em dois sentidos, como uma via de mão dupla: a) a teoria utilizada como sustentação de interpretações das normas jurídicas vigentes; b) as relações e conflitos entre pessoas, dentre outras situações jurídicas concretas, podendo servir de fontes de inspiração para a revisão das concepções teóricas consagradas.

Em que consiste a pesquisa jurídica?

Hoje, encontramo-nos diante de uma realidade social muito complexa e mutável no interior da qual o direito precisa se adaptar. Nessas condições, a pesquisa se torna mais necessária que em épocas de maior estabilidade social, principalmente a pesquisa referenciada nos fatos, pois, como diziam sabiamente os antigos romanos, "ex facto oritur jus" (dos fatos surge o direito). Não no sentido de que o mundo do ser (dos fatos) dê origem ao mundo do dever ser (das normas), mas, no sentido de que nos fatos encontramos pistas seguras para a criação, aplicação, substituição e crítica das normas.

2.1. Condições da sociedade contemporânea

A pesquisa jurídica sempre foi praticada de acordo com as características do momento histórico, das necessidades oriundas dos direitos reivindicados e do grau de desenvolvimento, tanto do pensamento jurídico como do direito positivo vigente. No período conhecido como do direito romano antigo, a pesquisa jurídica não aparece logo, mas só na época do Império, quando se apresentam condições favoráveis à construção de um pensar jurídico autônomo. Que condições são essas? São aquelas que resultam de algumas características da sociedade da época, cujos segmentos sociais se apresentavam bem delimitados, onde prevalecia o respeito às opiniões do *prudente,* homem do direito prestigiado pelo saber especializado e pela experiência no trato das questões jurídicas. Nessas condições, formou-se lentamente um pensamento típico dos jurisconsultos romanos, denominado de *prudencial*, ou *pensamento problemático*[20].

A sociedade contemporânea, como a de qualquer outra fase histórica, também possui peculiaridades importantes a serem observadas quando se pensa em identificar temas de pesquisa jurídica e orientar a sua realização. Trata-se de sociedade, em primeiro lugar, massificada e extremamente conflituada em virtude da fragmentação dos interesses e periclitação dos valores. Em consequência cresce a diversificação das relações sociais, das demandas, das reivindicações, das lides judiciais, da flexibilização e desregulamentação das relações e trabalho, da afirmação da superioridade da iniciativa privada sobre a atuação do Estado. Aumenta o número das leis sob a falsa crença de que alterando as leis se altera a cultura, que mudando a Constituição se obtém, por exemplo, a reforma do Estado. Por outro lado, perde em importância e legitimidade a atuação dos entes coletivos, como os sindicatos, as ONGs e os movimentos sociais.[21]

Do ponto de vista da forma hegemônica de direito positivo, a sociedade contemporânea é marcada pela crescente formalização e burocratização dos procedimentos. Há quem diga que o direito da sociedade contemporânea tem perfil "tecnológico" (Sampaio Ferraz, 1988: 84). O que caracteriza essa tendência? A ciência do direito se torna um repositório de técnicas para encaminhamento dos problemas, adiantando respostas que atendem à necessidade de controle cada vez mais detalhado do comportamento social. Essa conformação do conhecimento jurídico, que se expande hoje, não se instala por acaso, mas por causa da urgência em solucionar os

20. Segundo Theodor Viehweg a técnica do pensamento jurídico problemático se prende aos seguintes pressupostos: "1. la estructura total de la jurisprudencia solamente se puede determinar desde el problema; 2. las partes integrantes de la jurispudencia [ciência do direito], sus conceptos, y sus proposiciones, tienen que quedar ligadas de un modo específico con el problema y solo pueden ser comprendidas desde el; 3. los conceptos y las proposiciones de la jurisprudencia solo pueden ser utilizados en una implicación que conserve su vinculación con el problema. Cualquiera otra es preciso evitarla", *Topica y Jurisprudencia* (1964). Madrid: Taurus Ediciones S.A., p. 129/130. Ver também Tércio Sampaio Ferraz Jr. (2004), ob. cit., p. 59.

21. Sayonara Grillo Coutinho Leonardo da Silva diz que entre fins dos anos 1970 e inícios de 1990 o movimento sindical no Brasil viveu um período de dinamismo significativo, decaindo nos anos 1990. A partir de então, o discurso da desregulamentação avança paralelamente às crescentes dificuldades que os sindicatos passam a enfrentar. Para mais detalhes ver da autora *Relações coletivas de trabalho – configurações institucionais no Brasil contemporâneo* (2007). São Paulo: LTr, p. 28/29.

conflitos, atendendo, a um só tempo, aos requisitos da segurança e aos interesses das pessoas. A tão comentada crise do direito e da respectiva teoria tem como um dos seus elementos a "enorme diferenciação no sistema jurídico, tornando-o extremamente complexo e altamente ramificado, com pontos de intersecção com outros planos sociais" (Sampaio Ferraz, 1984: 66/67).

Embora o pensamento tecnológico no campo do direito venha ganhando terreno – e talvez por isso mesmo – é preciso refletir sobre essa realidade. As fases do pensamento jurídico se sucederam no tempo e estamos diante de mais uma etapa do seu desenvolvimento. A tecnologia jurídica corresponde a algumas, mas não a todas as características da sociedade deste início de século. Sendo assim, é preciso atentar e observar uma outra igualmente forte tendência social, contrária à anterior: tendência para *a informalidade*, ou seja, tentativas dos agentes sociais de regular as relações jurídicas nas quais estão envolvidos de modo alternativo, em grande parte por insatisfação com o que se encontra instituído, mas também por falta de acesso aos procedimentos oficiais. Vivemos em um mundo paradoxal onde as formas parecem querer invadir todos os espaços da vida social[22] , mas, concomitantemente, cresce a informalidade nas relações sociais, dando lugar a que se especule sobre o pluralismo jurídico[23].

Nessas condições, em face das contradições acentuadas da sociedade contemporânea, mais do que nunca a pesquisa no campo do direito se torna não só importante como necessária. As conclusões da pesquisa jurídica – a empírica principalmente –, aquela que parte da compreensão do sentido jurídico dos comportamentos sociais, pode servir de guia eficaz para a tomada de decisões dos órgãos públicos, na medida em que, na pesquisa empírica, as práticas sociais correntes são confrontadas com as instituições jurídicas oficialmente vigentes. Esse paralelo proporciona a oportunidade de o pesquisador se deparar com práticas sociais que ora

22. A Lei nº 9.278 de maio de 1996 regulamentou a *união estável*, formalizando uma relação originariamente espontânea e alternativa à instituição do casamento.
23. A expressão pluralismo jurídico designa o fenômeno da existência de fontes de direito diversas e independentes do direito do Estado. Ver a respeito Boaventura de Sousa Santos (1988). *Introdução a uma ciência pós-moderna*, Rio de Janeiro: Editora Graal.

se afastam da regulamentação jurídica vigente, ora a complementam[24], ou ainda, se deparar com a possibilidade de encontrar sentidos jurídicos populares diferentes dos sentidos jurídicos dados pelas leis ou pela teoria do direito, relativamente aos mesmos temas, valores e problemas jurídicos do cotidiano[25].

2.2. A ciência dogmática do direito

Neste início do século XXI o campo teórico do direito ainda é dominado por um estilo de conhecimento denominado *de ciência dogmática do direito,* que se firmou no século XIX. Por dogmática jurídica entende-se o estilo de saber sobre o direito que tem por objeto o sistema de regras vigentes em determinada sociedade. Esse estilo de saber resulta na construção de teorias que são chamadas doutrinas. A dogmática jurídica opera segundo um raciocínio dedutivo, ou seja, o raciocínio que evolui de premissas genéricas (o ordenamento jurídico vigente) consideradas verdadeiras, para a proposição de soluções normativas também inquestionáveis (decisões). Por exemplo, a partir do princípio da legalidade, no âmbito do direito penal, a teoria afirma que um ato é criminoso quando uma lei previamente o tipifica como crime. Comportamentos não tipificados pela lei penal, mas que causam prejuízos a alguém, poderão ser apreciados no que diz respeito à responsabilidade do autor, em outra área do direito, porém não serão punidos com sanção penal. Outro exemplo: o princípio da irretroatividade das leis assegura, segundo a doutrina consagrada, que a lei só se aplica da sua entrada em vigor em diante. Sendo assim, as sentenças transitadas em julgado não são atingidas pela lei nova. Portanto, a promulgação de uma lei alterando, por exemplo, a ordem de sucessão

24. É o caso dos contratos sobre posse e propriedade dos terrenos urbanos em áreas faveladas e terras rurais parceladas entre posseiros. A transmissão é feita à margem das formalidades legais, de acordo com procedimentos que melhor atendem os interesses dos envolvidos. Ver a respeito Rosangela Cavallazzi *Análise dos contratos do trabalhdor rural: o camponês parceleiro de Macacu* em *Teoria jurídica e práticas agrárias: o conflito no campo* (1994). Rio de Janeiro: Editora Ideia Jurídica

25. A pesquisa intitulada *Cultura jurídica dos profissionais e cultura jurídica popular*, em 1997/1998, registrou algumas diferenças de significados atribuídos a situações jurídicas do cotidiano pela aplicação oficial da lei e na opinião dos populares. Ver *Cultura jurídica e eficácia normativa* M. G. Piragibe da Fonseca, em *Direito em Revista: 20 anos de pesquisa* (2004). Rio de Janeiro: Letra Capital, OAB-RJ e Unigranrio.

hereditária não tem efeito algum sobre decisão judicial definitiva, proferida em ação de inventário, homologatória da partilha de bens entre herdeiros legais, devidamente habilitados nos autos do processo à época em que a lei revogada vigorava.

Em que consiste a pesquisa jurídica?

A dogmática jurídica afirma como normativo e obrigatório o direito posto, quer dizer, aquele que se origina, fundamentalmente, de um sistema normativo dito *oficial*. A maioria dos sistemas normativos hoje são legislados, por isso a forte tendência de identificação do direito com a lei. Essa é a razão por que a doutrina dogmática gira em torno do ordenamento jurídico vigente, esmiuçando os significados extraídos das expressões linguísticas usadas nas leis, analisando as possibilidades de combinações lógicas entre os preceitos, tentando estabelecer o sentido unificador dos sistemas de leis. Esmera-se na construção de definições, categorias e instituições jurídicas, de sorte a delimitar o mais possível tipos de comportamentos e a fixar com o máximo de rigor as fronteiras da licitude.

O fato que propiciou o desenvolvimento extraordinário da dogmática jurídica foi o movimento codificador de fins do século XVIII, inícios do XIX[26]. A promulgação dos grandes complexos normativos, com ênfase para os códigos civis, deu lugar à percepção equivocada de que o direito se confundia com a lei, ou melhor, não havia mais direito do que o contido na lei. Essa visão estreita foi responsável por abusos que provocaram fortes reações, originadas, em grande parte, de autores que tomaram como ponto de referência para as suas críticas o campo da hermenêutica jurídica[27].

Na verdade, esse entendimento dos juristas teve como pressuposto a convicção ideológica segundo a qual, sendo a lei expressão da vontade

26. *Movimento codificador* é o nome dado à promulgação, no período de um século, de vários códigos civis em diferentes países europeus, começando pelos códigos civis austríaco e prussiano, dos últimos anos do século XVIII e código civil francês de 1804. Este último serviu de modelo aos posteriores, até o código civil alemão de 1900. O Código Civil brasileiro de 1916 se inspirou na codificação alemã.

27. São nomes relevantes da época o dos franceses François Gény e Henri Salleiles, do alemão Hermann Kantorovicz, do estadounidense Benjamin Cardozo, dentre outros. Ver para mais detalhes: Margarida Lacombe Camargo (2003). *Hermenêutica e argumentação: uma contribuição ao estudo do direito*, 3. ed. Rio de Janeiro: Renovar.

do legislador e este representante do povo, a interpretação da lei representava um constante perigo de desvio da intenção, considerada sagrada, do legislador. Esse modo de conceber o direito, apenas na sua dimensão normativa obrigatória, deu origem à produção teórica de recursos técnicos de apropriação do significado supostamente correto das prescrições legais. Daí a formação de um universo cada vez mais abstrato dentro do qual juristas e operadores do direito transitam na busca de justificativas para a existência de institutos jurídicos, e suas mudanças, sem quase se aperceberem do distanciamento progressivo entre o direito que estudam e aplicam e a vida social para a qual esse direito se destina. Isso explica a tendência, nas faculdades de direito, para reduzir o estudo ao aspecto técnico do direito, considerado fundamental para o exercício dos profissionais operadores. Não sem razão, as críticas ao ensino jurídico formalista, que enclausurado em uma perspectiva puramente legalista vem sendo denunciado como castrador da autonomia do operador, bem como do sentido de justiça e de oportunidade que deve presidir tanto a pesquisa científica como a pesquisa voltada para a prática do direito. Na verdade prevalece um sentido acanhado de dogmática jurídica que se reflete no ensino das disciplinas profissionalizantes do currículo dos cursos de direito.

Não obstante as suas limitações, não resta dúvida de que a dogmática jurídica ainda é o ponto de vista privilegiado, tanto do jurista como do operador do direito. Na verdade, essa preferência tem explicação. A ciência dogmática do direito é a única teoria jurídica existente, a única estrutura teórica de que dispomos para dar conta do mínimo de segurança e certeza que a sociedade espera do direito.

A dogmática não impede a participação do jurista e do operador na avaliação do alcance e do sentido das expressões normativas. Pelo contrário, determinar o significado e a extensão de uma ou mais leis diante de casos concretos é função inarredável do profissional do direito. Portanto, circunscrito aos limites da plasticidade[28] das instituições jurídicas, o profissional é livre para interpretar o direito vigente. Não é

28. Ver: Rosângela Lunardelli Cavallazzi (1992). *Plasticidade da teoria contratual*, tese de Doutorado, UFRJ.

por outro motivo que a jurisprudência dos tribunais se acresce à lei, valendo como fonte de direito, pois, graças à fundamentação das petições dos advogados, promotores, procuradores e das decisões judiciais forma-se um largo acervo de entendimentos sobre as leis e sobre os fatos nelas descritos hipoteticamente, que trazem, por vezes, alguma mudança, muito embora dentro dos limites de tolerância dos modelos dogmáticos.

Em que consiste a pesquisa jurídica?

Aplicar as técnicas de adaptação da lei às circunstâncias de fato, aceitando ao mesmo tempo os limites dessa adaptação, é uma arte que se adquire com a formação adequada e com a experiência. Essa é a razão por que a qualidade do trabalho do operador do direito vai depender, também, de uma pesquisa bem orientada. Não da pesquisa científica, mas da pesquisa técnico-jurídica ou operacional, aquela que se volta para a busca da interpretação adequada da lei e dos fatos, dos fundamentos dessa opção e da argumentação persuasiva que encaminha para a solução, sem esquecer os princípios éticos que dão credibilidade ao profissional, à profissão e ao conhecimento jurídico.

Visto sob esse ângulo o ensino da dogmática jurídica desvencilha-se do caráter simploriamente formalista, inibidor da participação necessária do jurista na construção permanente da ordem jurídica.

2.3. O caráter holístico do conhecimento

A pesquisa jurídica, em face das peculiaridades do mundo contemporâneo, precisa considerar o que filósofos e cientistas vêm afirmando sobre a estreiteza e reducionismo da concepção de ciência ainda predominante no ocidente, segundo o modelo mecanicista newtoniano-cartesiano[29]. O moderno paradigma de ciência dividiu o conhecimento em compartimentos estanques, sem comunicação entre si. É certo que esse modelo desempenhou seu papel na fase de formação das ciências modernas. Contribuiu para aguçar a percepção das diferenças entre os objetos e métodos próprios aos estudos específicos; representou um avanço no

29. O modelo de ciência de Isaac Newton (1642/1727, físico, matemático e astrônomo inglês) e René Descartes (1596/1650, filósofo e matemático francês) parte de uma concepção de mundo funcionando como uma máquina, portentosa e complexa, explicada em pormenores graças a procedimentos racionais infalíveis, desde que utilizados segundo metodologia rigorosa.

sentido da delimitação das esferas próprias das diferentes formas e modos de conhecer o mundo e o homem; propiciou a distinção entre campos do saber até então confundidos; atribuiu autonomia e segurança à pesquisa; renovou os estudos epistemológicos e metodológicos.

Vivemos, contudo, um outro momento, que alguns afirmam ser o da "mudança de paradigma"[30]. Com que objetivo? Para fazer o caminho de volta ao "todo", ao "conjunto", ao "holos", raiz grega de holística[31], palavra adotada para designar a inteireza do mundo, a relação íntima entre os elementos que o compõem, percebendo como errôneo e de consequências perversas o tratamento das partes dessa unidade divorciadas do contexto[32].

O holismo não é uma completa novidade, não obstante a impressão de descoberta recente deixada pelo discurso de alguns autores quando postulam a urgência da mudança de paradigma do conhecimento científico. A importância que hoje se atribui ao pensamento holístico e a expectativa gerada em torno da nova maneira de pensar e de sentir resulta, de certa forma, da decepção provocada pelo "saldo negativo" da modernidade, quer dizer, das lacunas na implementação dos ideais inspiradores da ciência, da teoria política, das artes, do direito, que os modernos admitiram como o ápice da história do homem e da sociedade.

O pensamento holístico foi conhecido na cultura helênica. Manifestações dessa forma de entender o mundo se encontram em filósofos como Pitágoras de Samos[33]. Elementos considerados integrantes do núcleo primitivo do pitagorismo foram recolhidos das polêmicas com filósofos que viveram no mesmo período histórico, como Parménedes de Eleia,

30. Paradigma significa o mesmo que padrão, modelo. A expressão "mudança de paradigma" foi introduzida por Thomas Kuhn S. em seu livro *A estrutura das revoluções científicas* (1989) para designar a consciência crescente dos cientistas a respeito da necessidade de reorientar a cosmovisão segundo padrões condizentes com a realidade contemporânea.

31. Ver: Pierre Weil. (1989). *Holística:* uma nova visão e abordagem do real, São Paulo: Summus.

32. O modelo de ciência aceito no Ocidente, que separa drasticamente natureza de ser homem, é considerada responsável por tragédias ecológicas que afligem o mundo hoje. Ver a respeito: *Una visión holística del derecho* (1999). Sérgio Nogueira Reis. Salvador: Ignoramus Empresa Gráfica e Editora Ltda.

33. Pitágoras (século VI a.C.) figura até certo ponto legendária, em cujas ideias elementos históricos e fantásticos se misturam. Como não foram encontrados escritos seus, nem de seus primeiros discípulos, as informações que nos chegaram não permitem distinguir os ensinamentos originários dos acrescidos.

Heráclito de Éfeso e Zenão de Eleia. Dentre esses elementos destacam-se os problemas da conciliação entre unidade e pluralidade das coisas e o conceito de *cosmos* como harmonia entre contrários.

Em que consiste a pesquisa jurídica?

Atribui-se a Heráclito uma ontologia da unidade da natureza sintetizada nas seguintes frases: "todas as coisas são uno, isto é sabedoria", e "do uno saem todas as coisas, e de todas as coisas o um". Faz parte da física de Heráclito o princípio da *harmonia universal,* segundo o qual existe uma harmonia oculta no universo que promove a unificação dos contrários, "de coisas diferentes brota uma belíssima harmonia". Na harmonia se resolvem todas as antíteses e contradições, que são meramente aparentes[34].

2.4. A interdisciplinaridade

O pensamento holístico leva, por via de consequência, à interdisciplinaridade, no sentido da permanente comunicação entre saberes. Como se obtém essa interação? Para melhor compreensão, seria conveniente distinguir três expressões utilizadas na literatura científica, que não coincidem perfeitamente: multidisciplinar, interdisciplinar, e transdisciplinar.

A expressão multidisciplinaridade é comumente usada para designar o tratamento de alguma questão ou tema de acordo com perspectivas diferentes, oriundas de disciplinas científicas diversas. Assim, por exemplo, em face dos muitos aspectos que a questão do adolescente envolve, procura-se abordá-la à luz de informações técnicas e científicas de áreas diversas do conhecimento, como a psicologia, a medicina, o direito, a educação. A perspectiva multidisciplinar acrescenta uma análise a outra, mantendo, no entanto, a autonomia de cada abordagem. A multidisciplinaridade, de certa forma, secciona o tema de estudo, realiza uma análise, fragmentada. Torna possível um conhecimento mais amplo e detalhado, mas não promove uma síntese.

A síntese pode ser obtida pela via da interdisciplinaridade. Essa expressão designa a aproximação de pontos de vista de diferentes

34. Para mais detalhes ver: Guillermo Fraile. (1976). *Història de la filosofía,* vol. I, Madrid: Biblioteca de Autores Cristianos, cap. II.

disciplinas a respeito do mesmo objeto, de modo a obter-se uma compreensão deste, não como exclusivo desta ou daquela ciência, mas como realidade multifacetada. O direito é uma realidade com várias faces: norma, fato social, justiça, poder, força, cuja articulação vai depender de abordagem que implique vários olhares, cada um dos quais levando em consideração o outro. Assim, no interior de uma análise interdisciplinar do direito, a abordagem sociológica do fato jurídico, por exemplo, revela a vinculação e semelhança deste com outros fatos sociais, mas, ao mesmo tempo, distingue o que há de específico naquele especial fato. A abordagem jurídica, voltada sobretudo para o exame da norma, se beneficia das abordagens sociológica e política do direito para não perder de vista as influências e pressões sobre a norma e sua aplicação, vindas da sociedade e do Estado. Nessas condições, a realidade direito aparece não como estrutura isolada, mas como parte de uma vasta e complexa realidade social da qual sofre influências e sobre a qual influi. Do ponto de vista metodológico, a interdisciplinaridade se distingue pela apropriação que algumas disciplinas realizam, em certa medida, de modos de acessar a realidade de outras áreas do saber com as quais interage. A sociologia jurídica, por exemplo, é uma disciplina onde muitos conteúdos se misturam e várias abordagens são propostas, dependendo das perspectivas sugeridas pelas diferentes formações dos pesquisadores. Em face disso, a interdisciplinaridade é mais um problema do que uma solução[35].

A expressão transdisciplinar é a menos utilizada, mas o seu sentido etimológico é revelador de uma ação que tem por objetivo atravessar vários níveis de realidade nos quais o mesmo objeto pode ser encontrado. Assim, digamos que o tratamento transdisciplinar do direito seja aquele que localiza a realidade jurídica em espaços sociais diferentes: espaços político, econômico, antropológico, ético, normativo, psicológico, psicanalítico.

35. Eliane Junqueira denuncia a situação caótica em que se encontra o ensino da Sociologia Jurídica nos cursos de graduação em Direito no Brasil. De que modo interdisciplinarizar a Sociologia Jurídica com as demais matérias de conteúdo profissionalizante nos currículos dos cursos de Direito? Tal como ocorre com outras disciplinas formativas tornadas obrigatórias nas grades curriculares dos cursos de Direito a Sociologia Jurídica não se comunica com as disciplinas jurídicas ditas profissionalizantes. Daí a atenção que se deve ter para os limites da interdisciplinaridade. Ver da autora *Geleia geral: A sociologia jurídica nas faculdades de Direito*, in *Ou Isto ou Aquilo* (2002). Rio de Janeiro: Letra Capital. p. 25 a 94.

O pressuposto é a realidade complexa do objeto, no caso o do direito. Para captá-la, a pesquisa faz uso de métodos e técnicas encontradas em ciências diversas, mas com uma peculiaridade: não se apropria de qualquer dos métodos científicos, apenas deles se vale para construir uma visão cada vez mais completa de um fenômeno humano e social multifacetado e se estende por extratos diferentes da realidade social. Do ponto de vista metodológico, a estratégia transdisciplinar aplicada à pesquisa jurídica dá ensejo a que não se reproduzam modos de acessar a realidade próprios da sociologia ou da ciência política, ou da antropologia, mas que se pense e pratique uma metodologia própria. Por esse motivo, a via da transdisciplinaridade é a mais adequada, uma vez que, além de progressivamente ir lançando luz sobre os muitos aspectos do direito, permite a percepção de que a sua semelhança com outros fatos sociais, ou outros modos de regular condutas não implica a necessidade de tratamento idêntico.

Em que consiste a pesquisa jurídica?

Daí a necessidade de buscar um método adequado capaz de impedir que um aspecto do direito seja absorvido por outro, por exemplo, que a concepção de direito como fato social venha a suplantar a perspectiva de norma obrigatória e coercitiva, ou que a compreensão do direito como poder consiga obscurecer a faceta de justiça nele contida. A caracterização desse método é importante para que a pesquisa jurídica evolua.

2.5. A especialização do direito

Uma das tendências mais notáveis do direito contemporâneo é a especialização das relações jurídicas, formando campos novos desdobrados de outros mais antigos. Assim, o direito do consumidor, o direito ambiental, o direito da infância e adolescência, o direito da empresa, o direito das telecomunicações, o biodireito, o direito das sociedades anônimas, o direito da propriedade agrária, o direito autoral em face da regulamentação do *sofware* e por aí vai, setores que ganham autonomia legislativa, jurisprudencial e mesmo teórica, enriquecendo e diversificando as disciplinas jurídicas.

Essa tendência foi apontada no Brasil, no setor do direito privado, por Orlando Gomes, em palestras e debates, dentre outros eventos e, posteriormente, em seu livro *Novos temas de direito civil.* Nessa obra o autor, de forma incisiva, denuncia o que chama de "ocaso dos Códigos"[36], provocado pela proliferação de leis especiais que não podem ser simplesmente incorporadas ao Código Civil sem perda da sua especificidade, ou sem a descaracterização do sistema no qual vier a ser, porventura, forçado a entrar.

Essas legislações, denominadas microssistemas[37], se distinguem pela descentralização, possuem seus próprios critérios e fundamentos porque dizem respeito a interesses novos, surgidos das mudanças sociais. São avessos à sistematização, porque estranhos às tradicionais bases de sustentação dos conjuntos codificados de leis. Muitas das críticas hoje endereçadas ao Código Civil, promulgado em fevereiro de 2002, se referem a mudanças de paradigma[38] e à impossibilidade de se continuar a considerar o Código Civil como Direito Comum[39]. Mais do que no passado, cresce o número de juristas com consciência de que o direito está e sempre esteve em mutação constante, embora seja difícil para muitos juristas teóricos e práticos, dada a tradição do raciocínio lógico-conceitual que orienta a construção jurídica, imaginar meios novos de incorporar tais mudanças e operacionalizar a regulamentação adequada.

O certo, entretanto, é que a especialização vai, lentamente, dando ao direito uma feição diferente daquela que ainda hoje prevalece, oriunda do século XIX. Em lugar dos grandes e extensos ordenamentos de leis, formando sistemas coerentes e autocompletáveis, vão surgindo leis ditas

---

36. Orlando Gomes disse, há mais de vinte anos, que o movimento da codificação ocorreu "num clima cultural que hoje está profundamente alterado. Só recentemente se veio a compreender que foram [os códigos] expressão política e cultural de uma época ultrapassada". "A maré montante das leis especiais atesta sob o véu de um paradoxo a inutilidade de recodificação do direito civil, eis que não podem ser reduzidas a um sistema construído com outro método, outra lógica e outra filosofia". *Novos temas de direito civil* (1983). Rio de Janeiro: Forense, p. 40 e 47.

37. Código de Defesa do Consumidor, Estatuto da Terra, Estatuto da Criança e do Adolescente etc.

38. Abordando o tema da *boa-fé nos contratos*, Antonio Junqueira de Azevedo menciona a mudança de paradigma do direito contemporâneo para a qual o Código Civil já promulgado não atentou, chegando à conclusão que "o direito civil como está é superior ao direito civil como ficaria, se fosse aprovado o projeto" (refere-se ao projeto de Código Civil afinal aprovado), *Revista Trimestral de Direito Civil*, ano 1, vol. 1, jan/mar 2000, p. 3 a 12

39. Em entrevista à Revista Trimestral de Direito Civil, ano 1, vol. 1, Caio Mário da Silva Pereira diz "sou favorável à descodificação do direito civil (...) melhor seria se as modificações conduzissem a elaboração (...) de códigos *microssistemas*, com procedimentos próprios, a exemplo do Código de Defesa do Consumidor, Estatuto da Criança e do Adolescente", p. 307/308.

"avulsas" ou "esparsas"[40], códigos referidos a relações jurídicas destacadas do conjunto mais largo das relações civis[41], estatutos destinados à regulação de deveres e direitos reconhecidos a sujeitos especialmente protegidos[42] . A presença desses microssistemas abre um espaço novo de pesquisa, permitindo, inclusive, uma visão mais crítica e interdisciplinar[43] a respeito dos temas objeto de regulamentação

Em que consiste a pesquisa jurídica?

3. CONDIÇÕES DE POSSIBILIDADE DA PESQUISA JURÍDICA CRÍTICA

A pergunta que se põe para dar início a esta etapa da reflexão é se existe uma teoria crítica do direito. A resposta é não. O que existe é um movimento de crítica à ciência jurídica hegemônica, crítica tendente a construir uma linha de pensamento em torno de alguns pontos referenciais. O que caracteriza esse movimento? Movimento, no campo da ciência, não significa uniformidade de pensamento, mas sim um conjunto de indagações e de desenvolvimentos teóricos produzidos por vários pesquisadores, que coincidem entre si em alguns pontos fundamentais[44].

A expressão *crítica* tem sido usada em sentidos diferentes, inclusive no campo do direito, por isso, para evitar equívocos, convém

40. A Lei das Sociedades Anônimas, Lei nº 6.404 de dezembro de 1976, é uma exemplo de regulamentação destacada do Código Comercial para atender à crescente importância dessa forma de organização de interesses e da necessidade de salvaguardar direitos de sócios minoritários.
41. O Código de Defesa do Consumidor, Lei nº 8.078/1990, elaborado por força de determinação da Constituição Federal de 1988 (art. 48 das Disposições Transitórias), é exemplo significativo do fenômeno da pulverização da regulamentação das relações privadas.
42. O Estatuto da Criança e do Adolescente (ECA), Lei nº 8.069 de julho de 1990, é dos mais recentes ordenamentos descentralizados do direito civil, tendo como destinatário o menor. Há outros estatutos mais antigos, como o Estatuto da Terra, Lei 4.504/64 que também inovou no sentido da descentralização quando destacou as relações agrárias do conjunto das relações privadas tornando-as objeto de medidas jurídicas especiais de proteção ao trabalhador agrário e à relação específica da propriedade da terra destinada à produção agrária.
43. Ver *O melhor interesse da criança:* um debate interdisciplinar, coordenação de Tânia da Silva Pereira. Rio de Janeiro: Renovar, 2000.
44. Diz Luis Alberto Warat em A teoria crítica do direito e as condições de possibilidade da ciência jurídica (1985) in *Revista Contradogmáticas*, vol. II, 4/5, p. 76, que "a corrente crítica é um movimento teórico que, apesar das distinções que internamente há de efetuar, apresenta elementos comuns que pressupõem a adesão a uma mesma visão do conhecimento e um acordo tácito sobre o modo como devem ser questionados os enfoques ideológicos e ontológicos do pensamento jurídico idealista".

determinar, desde logo, o que se quer significar quando aqui mencionamos *pesquisa crítica*. Entre os juristas é comum a atitude crítica diante de certas leis ou pontos de doutrina, de acordo com o princípio da liberdade de opinar sobre qualquer matéria. Contudo, não é este sentido, superficial e trivial, que nos interessa aqui. A reflexão crítica supõe *ir às origens*, no caso, origens de preceitos, de teorias, de instituições, de formas jurídicas instituídas, buscando identificar as causas políticas, econômicas e sociais que formaram as bases daquelas construções. As raízes históricas do direito revelam como, nos diferentes momentos e lugares, valores e intenções jurídicas foram interpretados. Essa abordagem retrospectiva não tem importância apenas como reconstituição do passado, mas vale, fundamentalmente, como meio de revelação das fontes culturais dos ordenamentos jurídicos e respectivos elementos inspiradores. A história nos mostra que não é possível perder de vista a estreita ligação das formas jurídicas com as vicissitudes da época em que surgiram, bem como, com as características da sociedade para a qual foram criadas e do território que essa sociedade ocupa.

Quando se admite essa significação para a expressão *crítica* aplicada aos estudos jurídicos não se perderá de vista que o ponto de partida de uma verdadeira crítica do instituído juridicamente está, basicamente, nas práticas sociais. As práticas sociais indicam o grau de aceitação espontânea do direito vigente e, por isso, representam um material relevante de consulta para a reformulação periódica do direito, quer pela via da interpretação dos textos, quer pela via da mudança das leis[45].

Voltando à questão dos pontos comuns que unem as pesquisas dos juristas críticos, vamos aqui tentar determiná-los. Em primeiro lugar, ressalta a insatisfação com os resultados práticos da teoria jurídica ou ciência jurídica dogmática para uma sociedade em transformação[46]. O segundo ponto consiste no questionamento do caráter da dogmática jurídica, mais tecnologia do que ciência, pois se desenvolve a partir de afirmações aceitas

45. Um dos grupos de pesquisa registrados no CNPq, área jurídica, leva o título de *Teoria jurídica e práticas sociais*, e hoje reúne vários pesquisadores, sendo que a sua origem é a linha de pesquisa desenvolvida desde 1985 na Faculdade de Direito da UFRJ.

46. "A intenção da teoria crítica é definir um projeto que possibilite a mudança da sociedade em função de um novo tipo de homem", A. C. Wolkmer, *Introdução ao pensamento jurídico critico*, ob. cit., p. 9.

como pressupostos indiscutíveis[47]. O terceiro ponto consiste na tentativa de reconstrução teórica do direito, por caminhos que vão desde o redimensionamento da dogmática jurídica, com ênfase na sua função social, até a substituição da dogmática por uma *sociologia do direito*[48] ou por uma *teoria do direito alternativo*[49]. Perpassa o movimento crítico do direito a certeza de que só se reverte o quadro da dogmática jurídica com o auxílio de molduras filosóficas e dos métodos das ciências sociais, tanto os tradicionais como os mais recentes. Não é por outro motivo que as análises críticas do direito se valem das alianças interdisciplinares com áreas do conhecimento como a sociologia, a antropologia, a ciência política, a história, a economia, a psicanálise, a linguística.

Em que consiste a pesquisa jurídica?

Toda atividade de pesquisa – qualquer que seja a concepção epistemológica adotada e o método utilizado – por pressupor o questionamento – sempre possui alguma conotação crítica; a pesquisa jurídica não é exceção a essa regra. Quando se fala em *pesquisa jurídica crítica*, com mais razão ainda, há de se entender a intenção do pesquisador de ultrapassar os limites do estrito formalismo jurídico para compreender o direito e o seu papel na sociedade contemporânea e, consequentemente, escolher a metodologia adequada para se alcançar esse objetivo.

47. Para Michel Miaille há diferença entre discutir sobre pontos determinados da legislação ou sobre a exegese dos textos e elaborar desenvolvimentos teóricos de acordo com métodos científicos. Mencionando as transformações da sociedade atual e a presença nela dos juristas diz "assiste-se a um movimento contraditório: os juristas são cada vez mais solicitados a intervir, mas, ao mesmo tempo, a reflexão é cada vez mais abandonada em proveito de uma simples tecnologia". Reflexão crítica sobre o conhecimento jurídico: possibilidades e limite, (1984) in *Crítica do direito e do Estado*, Carlos Alberto Plastino (coord.). Rio de Janeiro: Graal, p. 32.

48. Essa tendência se firma com Georges Gurvitch, que levanta nas obras de autores como Emile Durkheim, León Duguit, Maurice Hauriou, Max Weber, Wendel Holmes, Roscoe Pound, Benjamin Cardozo, as principais fases da evolução da Sociologia do Direito e a sua realidade como disciplina autônoma. Ver a esse respeito Felippe Augusto e Miranda Rosa (1970). *Sociologia do direito: o fenômeno jurídico como fato social.* Rio de Janeiro: Jorge Zahar. Ver também Luis Récasens Siches (1963) *Panorama del pensamiento jurídico del siglo XX*, vol. I e II México: Porrúa.

49. Na verdade, o direito alternativo é expressão utilizada para designar uma das vertentes da crítica jurídica. Há, nos Estados do sul do Brasil, contribuições teóricas nessa linha, de Edmundo de Arruda Jr. Direito alternativo no Brasil in *Lições de direito alternativo 2* (1992). São Paulo: Acadêmica; Horácio Wanderley Rodrigues (1993). *Ensino jurídico e direito alternativo.* São Paulo: Acadêmica; Antonio Carlos Wolkmer (2001). *Introdução ao pensamento jurídico crítico.* São Paulo: Saraiva, dentre outros.

A primeira exigência, portanto, com a qual o pesquisador se defronta é a opção pela perspectiva epistemológica que vai fundamentar o estudo que pretende desenvolver. E aqui encontramos, na prática dos pesquisadores, algumas direções específicas, embora estes nem sempre se enquadrem com precisão em uma direção apenas. Wolkmer sintetiza as direções mais encontradas entre pesquisadores contemporâneos no Brasil, classificando-as em: *sistêmica, dialética, semiológico-psicanalítica*[50]. Em princípio, adota-se aqui essa classificação, com pequenas variantes: *sistêmica, sociológica* e *comunicacional.*

A corrente *sistêmica* aceita o direito como sistema de normas e de sanções voltado para a regulamentação e decisão de conflitos de interesses. Toma como referência, para o levantamento de hipóteses e a construção da moldura teórica da investigação científica, a própria teoria dogmática. Ou seja, a sua abordagem adota um ponto de vista interno ao sistema jurídico, na convicção de que o enfoque mais produtivo em termos de resultados é aquele que não ultrapassa as fronteiras do jurídico. Por que? Pois, assim fazendo, o pesquisador tem duas vantagens: a) impor-se a si mesmo limites, para além dos quais não está rigorosamente capacitado; b) obter resultados mais eficazes em termos de questionamento e/ou contestação do direito tal qual se apresenta, tanto na prática como na teoria. Assim é que Tércio Sampaio Ferraz Junior[51], que pode ser considerado um representante dessa corrente, não se afasta da análise da dogmática jurídica, embora com perspectiva zetética, ou de pesquisa. Isso porque o autor enfatiza que a teoria do direito ganhou, na contemporaneidade, dimensões de tecnologia, sendo esta uma característica com a qual o pesquisador há de contar, sob pena de estar ignorando ou camuflando a atual fase de desenvolvimento da ciência do direito. Todavia, o conhecimento do jurista não se esgota nas informações a respeito da dimensão puramente formal do direito, ou seja, no exclusivo estudo do sistema de leis, nem se contenta com mencionar os meandros do funcionamento do sistema. O jurista deve considerar a dogmática jurídica, sim, mas com olhar crítico, de pesquisador (nisso consiste o enfoque zetético).

50. Ver A. C. Wolkmer, ob. cit., p. 86 e s.

51. Ver as seguintes obras de Tércio Sampaio Ferraz Junior: A *ciência do direito* (1980). São Paulo: Atlas; *Introdução ao estudo do direito, técnica, decisão, dominação* (2003), 4. ed. São Paulo: Atlas.

Há uma subvertente no interior da perspectiva sistêmica que não chega a ter autonomia. Guarda com a visão sistêmica um vínculo essencial: o ponto de partida da reflexão está sempre situado nos domínios da dogmática jurídica. Contudo, a novidade reside em que os autores que empreendem a pesquisa nessa vertente vão além das propostas da ciência jurídica dogmática; pretendem a construção de um modelo para o direito "inspirado na tradição do funcionalismo liberal norte-americano" (Wolkmer, 2001: 90). O direito é a todo momento confrontado com a sociedade no claro propósito de determinar as condições sociopolíticas da produção jurídica. O tema da aplicação jurisdicional do direito é privilegiado, no sentido de investigar o funcionamento do direito positivo típico do estágio atual do individualismo liberal e no interior da formação capitalista contemporânea[52].

Em que consiste a pesquisa jurídica?

A corrente *sociológica* é a mais rica, por isso apresenta algumas variantes, que podem ser classificadas – sem qualquer intenção de esgotá-las, nem sequer de estabelecer fronteiras rígidas entre as mesmas – em: sociológico-dialética; e sociológico-cultural .

A subvertente sociológico-dialética, no Brasil, tem inspiração na filosofia de Karl Marx e na sociologia de Eugen Ehrlich predominantemente[53]. Essa corrente rompe com a ideia de direito como sistema , para concebê-lo na sua dinâmica social, sob a égide da superação constante das oposições. Uma das suas referências básicas é a ideia de *conflito social*, entendido como dado inafastável de qualquer abordagem envolvendo a vida humana em sua interação com o outro. A ideia de conflito social traz latente o questionamento sobre a solução justa dos litígios. Daí uma rica reflexão a respeito das condições de produção do direito sob as influências de poderosas forças políticas e econômicas e sob o influxo das ideologias dominantes. Por esse caminho, os pesquisadores têm dado especial relevo ao direito que se forma marginalmente ao ordenamento oficial e que com ele disputa. Essas formas *não oficiais* de direito recebem denominações diversas: direito *das ruas*, *das favelas*, *dos excluídos* ou *oprimidos*, direito *insurgente*, *alternativo*, direito *das*

52. Ver *Direito e justiça. A função social do Judiciário,* José Eduardo Farias (org.) (1989). São Paulo: Ática. Ver ainda outras referências bibliográficas em Wolkmer, ob. cit., p. 91 e s.
53. Ver Michel Miaille. *Uma introdução crítica ao direito* (1979). Lisboa: Moraes Editor.

práticas sociais[54]. Trazem para o debate o paralelo entre duas concepções: a de direito *único, estatal, oficial* e a de *pluralismo normativo* que tende a se espraiar, até mesmo por áreas antes perfeitamente enquadradas no direito estatal, como os negócios empresariais[55].

Todavia, há trabalhos recentes tematizando o binômio direito e sociedade que se valem de recursos da antropologia, além da influência óbvia da sociologia e da ciência política. Por esse motivo, devem ser interpretados com critérios diferentes da linha anterior. Na falta de denominação mais adequada vamos chamá-la vertente *sociológico-cultural*. Essa linha de investigação inspira-se diretamente na leitura da realidade – no caso realidade brasileira – cuja cultura é marcada, por um lado, pela confusão entre as esferas pública e privada, tornando problemática a aplicação à organização social de uma racionalidade do tipo weberiano[56]. Por outro lado, a pesquisa é marcada pela visão paternalista do Estado, do qual se esperam soluções milagrosas para todos os problemas. Este último traço tem origem, certamente, no perfil autoritário presente nas diferentes fases da construção da sociedade e do Estado brasileiro (Faoro, 1975). A categoria teórica referência desta subvertente é o conceito de *cultura* e o método

54. Ver *O que é direito*, Roberto Lyra Filho (1983), *O direito achado na rua* (1987) José Geraldo de Sousa Junior (org.); *O discurso e o poder* (1988), Boaventura de Souza Santos; *Publicações do AJUP (*Apoio Jurídico Popular) (1987 a 1994) org. de Miguel Pressburger; *Lições de direito alternativo*, livros 1 e 2, (1991 e 1992). Arruda Junior (org.); *Teoria jurídica e práticas sociais*: o conflito no campo (1994). Maria Guadalupe Piragibe da Fonseca, Maria Arair Pinto Paiva e Rosângela Lunardelli Cavallazzi; *Ciência do Direito:* conceito, objeto e método (1982). Agostinho Ramalho Marques Neto.

55. Não apenas a formulação jurídica dos negócios (ver Orlando Gomes (1983). ob. cit., p. 77/90), como a solução dos conflitos nas áreas empresarial e trabalhista pela via da arbitragem e da mediação. Já em abril de 2000 o Banco Interamericano de Desenvolvimento (BID), a Confederação das Associações Comerciais do Brasil (CSCB) e Câmaras de Arbitragem e Mediação liberaram 3 milhões de dólares para levantamentos sobre oferta e demanda desses procedimentos e a programação de 360 cursos de capacitação em mediação e arbitragem. O programa estava previsto para ter a duração de 3 anos (*Gazeta Mercantil* de 23/05/2000).

56. Discorrendo sobre uma das vertentes da sociologia jurídica brasileira, Eliane Junqueira diz "A sociologia jurídica "importou" da ciência política a análise já desenvolvida sobre a sociedade brasileira a partir dos tipos ideais weberianos" (...) Não se concretizando a separação entre as esferas pública e privada, as tentativas de implantação de uma administração burocrática e de direito racional nos moldes da sociedade moderna esbarraram no Brasil, sem dúvida, na dominação patrimonial fundamentada na apropriação privada dos cargos públicos e na legitimidade do exercício da justiça privada", *Através do espelho – Ensaios de Sociologia do Direito* (2001). Rio de Janeiro: Letra Capital, p. 5/6.

é o da descrição pela via das entrevistas fechadas ou abertas aplicadas para a coleta de dados empíricos[57].

Na corrente comunicacional podemos incluir as pesquisas jurídicas que adotam uma matriz semiológica, cujo método busca o sentido dos comportamentos por meio da análise da linguagem utilizada pelos agentes, seja a linguagem escrita e falada, sejam outras expressões gráficas, tais como, a pintura, o grafite, a música. A linguagem ou linguagens são expressões da cultura dos grupos, portanto, revelam muito da personalidade do povo que a construiu: seus sentimentos e motivações, sua lógica, seus preconceitos, suas crenças. Através da linguagem, a comunicação se dá, com sucesso ou insucesso, dependendo do domínio, pelo falante, não apenas da estrutura da língua, mas principalmente, dos significados culturais das palavras e expressões. A comunicação interpessoal pela via da linguagem sempre foi problemática. Com relação às dificuldades da comunicação – incluída a verbal – é conhecida a opinião do filósofo francês Jean-Paul Sartre, que "o inferno são os outros".

Em que consiste a pesquisa jurídica?

A semiologia não tem sido homogeneamente aplicada ao direito pelos autores que tomaram por esse caminho. Há os que, como Norberto Bobbio, na vertente do neopositivismo[58], advogam a construção de uma linguagem jurídica rigorosa, como pressuposto epistemológico do estatuto científico do direito, como ciência de fatos e não apenas de normas. Bobbio enfrenta temas da Teoria do Direito mediante análises minuciosas, fazendo distinções sutis que contemplam as situações sociais novas. Tais situações se originam tanto da complexidade das relações negociais como da mudança do papel do Estado em face da organização econômico-financeira da sociedade contemporânea[59].

57. Nessa linha se enquadram as pesquisas realizadas nos últimos dez anos pelo Núcleo de Documentação e Pesquisa da OAB/RJ, sobre os temas do Poder Judiciário, cultura jurídica, eficácia normativa, informalidade nas relações sociais, direito e urbanismo e ultimamente relações de consumo e superendividamento. Esta última linha de pesquisa é desenvolvida atualmente em convênio com o Curso de Direito Ibmec-RJ.

58. A Escola Analítica, ou Positivismo Analítico é uma corrente filosófica que propõe a análise do uso ou funcionamento da linguagem segundo regras lógicas capazes de atribuir precisão aos enunciados de modo a poder avaliá-los como verdadeiros ou falsos.

59. Ver a Apresentação de Tércio Sampaio Ferraz Junior ao livro de Norberto Bobbio a *Teoria do ordenamento jurídico* (1989). Diz Ferraz sobre o estilo de Bobbio: "A partir dos anos 50 Bobbio se direcionou decididamente para uma concepção de ciência como 'linguagem de rigor'

Há, ainda, os que – contrariamente aos neopositivistas – afirmam a impossibilidade de desenvolvimento de uma linguagem jurídica de rigor, pois o aspecto que prevalece na linguagem do direito é a indeterminação. Luis Alberto Warat, no Brasil, é o mais antigo e importante representante dessa perspectiva jurídico-semiológica que contribuiu decididamente para o incremento da visão crítica do direito dos anos 1980. Seus escritos sobre a matéria datam dos anos 1970, sob a inspiração de Ferdinand Saussure[60] e Roland Barthes[61]. Em *Semiótica y Derecho* (1972) e *El derecho y su lenguaje* (1976), Warat defende a tese da possibilidade de análise da cultura, em especial da cultura jurídica, por meio de uma teoria da comunicação. Todo fenômeno cultural é significativo, como diz Barthes, porque todas as formas de comunicação de um grupo social se apresentam padronizadas por códigos. Estudar a cultura de um povo é, pois, decifrar os códigos nos quais se baseiam as informações produzidas pelas interações sociais. O direito, como produto cultural, também é um sistema de signos, portanto, pode e deve ser estudado sob o enfoque de uma teoria comunicacional. A vantagem dessa abordagem semiótica no campo do direito consiste em que "contribuirá a un processo de desmitificación de sus doctrinas clásicas, principalmente las emergentes de la revolución francesa" (Warat, 1976: 22).

A desmitificação produzida pela teoria comunicacional, a que o autor se refere, corresponde à explicitação do elemento ideológico que o direito traz embutido, como qualquer outro fato cultural. Esse desvelamento do fator ideológico condicionante das manifestações culturais – em especial do direito – (papel terapêutico da análise semiótica), neutralizaria os efeitos dos *mitos*[62] controlados pelo poder político e que permeiam as mensagens veiculadas, sobretudo, pelos meios de comunicação de massa[63].

(...) seus escritos, por isso, se encaixam sob a forma de reflexões analíticas (...) conduzindo o leitor, muitas vezes, não a soluções, mas a perplexidades".

60. Ferdinand Saussure (1857/1913), linguista suíço.

61. Roland Barthes (1915/1980), filósofo francês.

62. "O mito é uma forma específica de manifestação do ideológico no plano do discurso (...) Contemporaneamente, o mito vai se identificando com a ideologia política (...) um discurso cuja função é esvaziar o real e pacificar as consciências, fazendo com que os homens se conformem com a situação que lhes foi imposta socialmente, e que não só aceitam como veneram as formas de poder que engendraram essa situação" , Warat, *Introdução geral ao direito*, vol. I (1994), p. 103/105.

63. Vale observar a esse respeito os programas de TV onde debates sobre temas jurídicos são transmitidos. A postura ideológica da organização do programa condiciona desde a escolha dos

Não obstante as distinções acima, não há como delimitar com segurança as fronteiras entre umas e outras. Pelo contrário, esses limites são difusos porque os pesquisadores são sensíveis a influências várias. Na melhor das hipóteses o que pode ser detectado é a predominância de uma abordagem, a preferência pela definição de um determinado conceito, a escolha de um caminho metodológico. Inclusive pode-se dar – e isso é bastante comum – a disparidade entre a autoinclusão de um autor/pesquisador em determinada linha teórica e a sua classificação feita por terceiro. Mas isso não importa, o que interessa é a evolução ininterrupta do pensamento jurídico, realizada por vezes de modo coletivo e manifestando, com o passar dos tempos, configurações que vão aos poucos ganhando contornos melhor definidos.

A partir de meados do século XX, mais precisamente na década de 1960[64], começou a se esboçar uma reação contra o que os autores consideravam excessivo formalismo e tecnicismo das construções jurídicas. Essas características se afiguravam esterilizantes de um pensamento mais criativo, que refletidas sobre a prática resultavam em propostas de soluções rígidas dos litígios, em encaminhamentos padronizados dos negócios e demais relações jurídicas, em decisões judiciais estereotipadas e destituídas de sensibilidade para as diferenças.

4. MODELOS DE PESQUISA JURÍDICA

O campo do direito, em virtude das peculiaridades que possui, dá lugar a duas ordens de pesquisa, como já mencionado acima, e que aqui chamaremos *modelos de pesquisa jurídica*. Não se trata de nenhuma grande novidade, pois a rigor, a atividade dos juristas sempre seguiu um ou outro modelo, ou seja, ora para a construção e aperfeiçoamento das categorias de pensamento sobre o direito, ora para a interpretação e aplicação das regras jurídicas aos conflitos, dúvidas e reivindicações envolvendo agentes em busca da proteção de interesses próprios e alheios. A cada uma dessas atividades corresponde uma forma de

temas a serem discutidos até a escolha dos debatedores. Uma análise semiótica desvenda os mitos ocultos sob as vestes de verdades científicas transmitidas pelos discursos.

64. O movimento crítico do direito se manifestou em vários países da Europa e nos Estados Unidos a partir dos anos 1960. Ver A. C. Wolkmer (2001), ob. cit.

reflexão não reciprocamente excludentes, nem radicalmente separadas, apenas distintas: a pesquisa *jurídico-acadêmica* ou *jurídico-científica* e a pesquisa *jurídico-operacional*, ou *técnico-jurídica*.

4.1. Pesquisa jurídico-acadêmica ou jurídico-científica

A pesquisa *jurídico-acadêmica*, que podemos denominar também de *jurídico-científica* ou *jurídico-teórica*, atravessou várias fases ao longo da história da construção do conhecimento do direito, que, para efeito didático dividimos em: a) fase da construção jurisprudencial (na Roma antiga); b) fase da elaboração exegética (glosadores medievais); c) fase da elaboração sistemática (juristas modernos).

De fato, pode-se dizer que a pesquisa jurídico-acadêmica tem nascimento com os romanos, na Antiguidade, quando por vez primeira se fez a distinção entre *direito* e *conhecimento do direito*, ou, distinção entre *formas*, ainda que incompletas, *de regular e decidir* situações reais e a *reflexão* sobre essas mesmas formas regulatórias, levando a um saber relativamente coerente e organizado. Como ocorre essa passagem? Todo pensar científico se caracteriza pelo esforço de abstrair dos fatos dispersos e díspares, correntes no nível da experiência, para construir conceitos unificadores, a partir da identificação de certos aspectos comuns que os tornam semelhantes. Por exemplo, da observação de formas de colaboração entre pessoas, organizadas em grupos e atuando em prol de ideais comuns se constrói o conceito de *associação*. O pensar jurídico-científico não é diferente, com a peculiaridade seguinte: as formas unificadoras, obtidas pela abstração (conceitos, categorias, instituições) se tornam verdadeiras fontes de padrões reguladores do comportamento social. Dito de outro modo, o trabalho de pesquisa jurídico-científica alimenta a elaboração e reelaboração constante dos princípios e normas do direito positivo, bem como a sua interpretação.

O embrião da pesquisa científico-jurídica dos romanos se encontra no trabalho dos *prudentes*, jurisconsultos que se notabilizaram pelo saber jurídico que se manifestava nos seus pareceres, formulados a propósito de questões controvertidas levadas aos tribunais. O caráter criador de direito dos *responsa prudentium* deixou sua marca na *iurisprudentia*, expressão significativa do conjunto de textos dos mais eminentes jurisconsultos do período clássico do direito romano, contendo, de forma algo fragmentada ainda, a ciência jurídica dos romanos.

O mais notável, todavia, nessa fase inicial da pesquisa jurídica é a circunstância da vinculação estreita da produção dos textos dos jurisconsultos com o cotidiano das relações sociais. Com efeito, os *responsa* eram provocados pelos problemas que envolviam as pessoas e os seus bens e, portanto, destinavam-se diretamente a solucioná-los. O que permitiu a aplicação dos mesmos critérios de solução a outros problemas semelhantes foi a autoridade de que estavam investidos os *prudentes*. Com o tempo, os *responsa prudentium* vieram a formar vasto material de consulta para construções teóricas importantes, sendo que, para esse fim, os jurisconsultos utilizaram técnicas de retórica e de gramática, bem como conceitos filosóficos tomados de empréstimo à cultura grega[65]. Entretanto, as construções conceituais que derivaram dessa atividade intelectual permaneceram abertas para serem, sempre que necessário, revistas e discutidas à luz de aspectos novos que os problemas concretos suscitavam[66].

Em que consiste a pesquisa jurídica?

A pesquisa jurídico-científica alcança um novo patamar na Idade Média, por volta do século XI, quando os glosadores – juristas da cidade de Bolonha que se dedicaram a glosar ou comentar textos do *Corpus Iuris Civilis* – empreenderam um trabalho notável a partir de análises dos *digestos* integrantes da compilação promovida pelo imperador Justiniano. Os textos extraídos do *Corpus Iuris* eram interpretados e

65. Ver, a esse respeito, Tércio Sampaio Ferraz Jr. (2003). *Introdução ao Estudo do Direito; técnica, decisão, dominação*, 4. ed. São Paulo: Atlas, capítulo 2; Theodor Viehweg (1964), *Tópica y jurisprudencia*. Madrid: Taurus Ediciones S.A., cap. IV; Michel Villey (1962). *Leçons d'Histoire et de Philosophie du Droit*. Paris: Dalloz, cap. II.

66. Theodor Wiehweg, na obra citada, cap. IV se refere a um grupo de textos extraídos do *Digesto* como exemplificativos do estilo dos juristas romanos. Nesses textos se estuda o tema da usucapião. São várias questões, todas referidas ao mesmo tema e todas vinculadas entre si por um nexo de sentido que não é sistemático, mas problemático. São palavras do autor: "el concepto de usucapión se contruye de manera progresiva a través de una serie de conceptos previos que se seleccionan apropiadamente: posesión, posesión de buena fé, justo titulo, para adquirir, duración de la posesión, idoneidad de las cosas, inexistencia de impedimientos por interrupción o suspensión etc.". "El jurista romano plantea un problema y trata de encontrar argumentos. Se ve, por ello, precisado a desarrollar una técnica. Presupone irreflexivamente un nexo que no intenta demostrar, pero dentro del cual se mueve. Es la postura fundamental de la tópica".

compatibilizados quando possível. No caso de a compatibilização ser considerada duvidosa, então questões eram levantadas, a partir da leitura dos textos, em torno dos quais se promoviam discussões até se chegar a um acordo a respeito do sentido dos textos submetidos à exegese. A partir de pesquisa exaustiva, manuais didáticos eram publicados para orientação do ensino jurídico na universidade de Bolonha. A construção teórica nessa fase ganha, pois, *status* de disciplina acadêmica e a nota da dogmaticidade, ou seja, afirmação da racionalidade respeitável dos textos romanos consultados, em virtude da autoridade de que estavam investidos. Os dois princípios, portanto, que presidem a pesquisa na fase medieval são a *auctoritas* e a *ratio*[67], ou seja, o prestígio da autoridade de que está investido quem diz o direito e a força da racionalidade que fundamenta o texto.

A pesquisa jurídica da modernidade ingressa no nível científico propriamente dito, ou melhor, no nível correspondente ao significado de ciência para os modernos. Nessa fase a influência da metodologia desenvolvida no campo das ciências da natureza e das ciências matemáticas é fundamental para compreender os rumos que a produção do conhecimento do direito tomou. A partir de inícios dos tempos modernos – 1600 – a complexidade maior da vida social, por comparação com as sociedades anteriores, vai ensejar a preocupação com o controle das relações sociais, de forma a garantir ordem e segurança suficientes. Por outro lado, tornou-se decisiva para o desenvolvimento do pensamento jurídico a teoria racionalista de René Descartes (1596/1650)[68], que, ao enfatizar a fé no poder da razão, abre caminho para uma nova versão do Direito Natural: princípios e regras da convivência construídas e sistematizadas racionalmente, válidas independente de circunstâncias de tempo e espaço. A pesquisa dos juristas passa a ser motivada pela possibilidade de dar ao direito o rigor técnico e a formalização encontradas em outras ciências. A ideia de sistema se torna central no pensamento jurídico da época, não apenas com objetivos didáticos, mas como princípio diretor que garante o caráter de certeza e de verdade das interpretações científicas e das decisões práticas, obtidas por meio do processo de dedução do geral para o particular. A

67. Ver Tércio Sampaio Ferraz Jr. (2003), ob. cit., p. 61 a 65.

68. René Descartes, filósofo francês racionalista que marcou o início dos tempos modernos. Exerceu poderosa influência na formação das ciências sociais, com ênfase para o direito.

correção formal da dedução lógico-demonstrativa adotada pela Escola do Direito Natural (século XVII e XVIII) inspirou a elaboração dos grandes códigos de direito privado, promulgados na passagem do século XVIII para o XIX.

Em que consiste a pesquisa jurídica?

A pesquisa jurídica moderna adota a metodologia das ciências naturais, mas adaptando-a à realidade das interações sociais. Essa adaptação consiste em estabelecer paralelos entre as situações concretas e os modelos previamente criados pelo Direito Natural, considerados modelos ideais aplicáveis à experiência, desde que esta ocorresse nas condições também idealizadas. A pesquisa jurídica moderna caminha, assim, no sentido da construção, progressivamente elaborada de padrões de comportamento que desempenham papel, a um só tempo, explicativo e normativo da realidade.

A produção jurídico-científica, por um lado, guarda vínculos com dados empírico-sociais e, por outro lado, ganha um perfil tecnicista, bastante artificial na medida em que manipula os dados de realidade para fazê-los coincidir com padrões exemplares produzidos racionalmente, o que resulta no afastamento progressivo entre a produção da pesquisa científica e as relações sociais concretas.

Atualmente, mais precisamente, a partir dos anos 1960/1970, a pesquisa jurídica caminha no sentido da interdisciplinaridade, ou seja, busca recursos metodológicos, bem como fundamentos epistemológicos, no campo de ciências como sociologia, antropologia, ciência política, dentre outras. Enfatiza a pesquisa empírica com o objetivo de aproximar a análise das instituições jurídicas o mais possível da vida social. Torna-se crítica, na medida em que não se esgota no campo da dogmática jurídica, mas submete o conjunto de conceitos e categorias dogmáticas ao crivo de critérios de legitimidade e eficácia social.

4.2. Pesquisa técnico-jurídica ou jurídico-operacional

Até o momento, tudo o que foi dito tem referência imediata com o modelo de pesquisa jurídico-científica. Contudo, não podemos esquecer que o direito é um conhecimento imediatamente vinculado à realidade. Sendo assim a pesquisa parte dos fatos e para eles volta. Isso significa que as ideias jurídicas produzidas ao longo dos tempos foram motivadas, e continuam a ser, por problemas e conflitos sociais reais. A pesquisa jurídica produz ou deve produzir conhecimento voltado diretamente para a realidade das relações sociais, é pois um conhecimento com finalidade pragmática. As teses e opiniões emitidas pelos juristas são prestigiadas na medida em que funcionam como instrumentos de solução dos problemas jurídicos, seja fornecendo critérios para a elaboração de normas para todos os setores da regulamentação obrigatória, seja sugerindo argumentos para embasar interpretações do direito com o objetivo de *propor* decisões ou *decidir* sobre casos concretos. Portanto, neste momento trata-se de pensar a pesquisa jurídica em outro registro: o da identificação dos problemas reais e encaminhamento da respectiva solução. Os dois níveis da pesquisa jurídica, a *científica* e a *operacional* estão relacionados, embora os seus agentes sejam diferentes, assim como os mecanismos utilizados e as circunstâncias em que cada tipo de pesquisa se desenvolve.

O direito existe para ser aplicado. A aplicação consiste em realizar o trânsito das normas jurídicas do patamar geral e abstrato em que são feitas, para o nível da situação concreta que precisa ser regulamentada. Para que isso aconteça é preciso submeter o direito a uma interpretação, ou busca do sentido do sistema de direito vigente o mais adequado possível ao caso em questão. Os agentes que promovem esse trânsito são denominados *operadores do direito.* São operadores todos os profissionais do direito que atuam no dia a dia da prática jurídica, onde as reivindicações e conflitos se sucedem: advogados, procuradores, promotores, defensores públicos, magistrados, delegados de polícia, consultores jurídicos, mediadores, enfim, todos os agentes que no campo jurídico se defrontam com questões as mais diversas, e diante das quais o seu compromisso é, a um só tempo, com as partes envolvidas no feito e com a sociedade. Relativamente às partes, o operador tem a obrigação de ouvi-las e procurar, no ordenamento jurídico vigente, critérios de encaminhamento visando a solução justa do problema, ou dependendo da função do operador, optar por critérios de solução. No que se refere à sociedade, o operador do direito também está compromissado, na medida em que, da solução razoável e rápida dos problemas jurídicos individuais, como da ética da conduta do operador, depende a confiança da sociedade no direito instituído e nos seus órgãos aplicadores.

Assim compreendida a vinculação dos dois níveis de pesquisa no direito, é possível dizer que a pesquisa técnico-jurídica continua, em patamar diferente, o que a pesquisa jurídico-científica iniciou. Dito de outro modo, o operador do direito traz para a prática profissional o conhecimento produzido no patamar científico com o objetivo de embasar propostas de solução de casos reais. Por outro lado, o pesquisador teórico busca na dinâmica dos casos jurídicos concretos inspiração para o questionamento, a substituição, ou o desenvolvimento de institutos jurídicos. Os dois níveis de pesquisa se influenciam mutuamente, mais do que isso, se respaldam reciprocamente. A medida do valor da pesquisa científica no direito é dada pela utilidade que demonstra ter para a prática das soluções jurídicas. Sendo que a medida do valor da pesquisa do operador do direito é dada não só pela eficácia na solução dos problemas jurídicos, como ainda pela motivação do pensamento sobre aspectos teóricos do direito.

Em que consiste a pesquisa jurídica?

A atuação dos operadores não é idêntica. Alguns precisam tomar partido na defesa dos seus clientes – *advogados, consultores e defensores públicos* – ou em defesa de órgãos públicos – *procuradores.* Outros têm a obrigação de se posicionar em defesa da lei – os *promotores de justiça.* Há os que têm a função de decidir – *magistrados, delegados de polícia, árbitros.* Há ainda os que tentam a conciliação entre partes em conflito, os *conciliadores*, os que orientam as negociações jurídicas, os *negociadores,* os que facilitam as partes em conflitos a encontrarem uma solução, os *mediadores*, promovendo entre as mesmas condições favoráveis a um acordo. Apesar das diferentes inserções no mundo dos conflitos e dos negócios jurídicos, os operadores do direito são todos agentes da realização do direito.

A atuação dos operadores demanda a realização de pesquisa, como também a utilização de recursos de argumentação. A pesquisa dos operadores do direito é diferente da científica. É pesquisa na medida em que empreende uma busca: a melhor solução para o caso concreto. As soluções não vêm automaticamente dadas pelas leis vigentes ou outras regras jurídicas, pelo contrário, é preciso capacidade de reflexão, conhecimento e experiência para realizar a passagem do nível geral e impessoal das regras do direito positivo para a construção da norma que regerá o fato concreto. A pesquisa é, pois, requerida sempre que se trata de analisar casos concretos à luz de preceitos jurídicos gerais e abstratos.

Há, ainda, a segunda fase da operação, qual seja, a de convencer o interlocutor de que a interpretação escolhida da(s) lei(s) é a melhor. Nesse sentido, diz-se que o advogado propõe a tese de defesa e leva-a adiante por meio de argumentos com o objetivo de persuadir o magistrado que decidirá o feito. O promotor de justiça também tem o seu ponto de vista em face da lei e, em defesa desta, apresenta argumentos que supõe convincentes. Mesmo o delegado de polícia, no espaço que lhe compete – a realização do inquérito policial – decide sobre a formação de culpa do acusado com base na sua pessoal convicção, formada diante do que a lei dispõe e os fatos apresentam. O magistrado, que no espaço judicial profere a decisão final sobre conflitos, o faz mediante a análise dos argumentos apresentados por advogados, procuradores, promotores, curadores, e quantos agentes jurídicos se tiverem pronunciado no processo, para emitir a decisão, fundado em interpretação do direito, que pode coincidir ou não com as teses apresentadas. O árbitro também tem funções judicantes, distinguindo-se do magistrado togado por ser escolhido pelas partes em conflito.

Os mediadores, conciliadores, consultores em negócios jurídicos também são levados a pesquisar para orientar, ajudar, facilitar seus constituintes na tomada de decisão e precisam usar, igualmente, de recursos de argumentação para fazer entender quais os caminhos possíveis em face do que o direito dispõe. No caso dos mediadores, não se trata de propor qualquer solução às partes em conflito, mas de esclarecê-las a respeito das consequências jurídicas das suas próprias opções de solução.

2

PARTE II

Metodologia da Pesquisa científica

1.1. Caminhos da pesquisa científica

Em que uma pesquisa na área das ciências humanas e sociais[1] se distingue de outras produções intelectuais? Na verdade, há diferentes formas de conhecimento[2]. Aqui, interessa o conhecimento científico, portanto convém, desde logo, mencionar uma distinção fundamental entre o conhecimento *científico* e o *senso comum*. O que se convencionou chamar *senso comum*, ou conhecimento *empírico*, corresponde ao conjunto das opiniões correntes surgidas da pura experiência. Por isso, o senso comum é visto como saber superficial sem ingredientes críticos, podendo levar ao erro e à ilusão. O conhecimento *científico*, pelo contrário, é verdadeiro, porque obtido metodicamente e teoricamente sustentado para estabelecer pontes confiáveis entre a dúvida e a certeza. Essa é a concepção de Bachelard, que propôs a "ruptura epistemológica" entre

1. "Talvez prevaleça, na prática, a crença de que deve valer, para qualquer objeto científico o mesmo método, a saber, o método típico das ciências exatas e naturais. No outro extremo, estão os que acham ser o fenômeno humano tão *sui generis* que necessita de método próprio, totalmente diferente do outro", Pedro Demo (1983) *Introdução à metodologia da ciência*. São Paulo: Atlas, p. 13.

2. Resumidamente, as formas de conhecimento consideradas fundadas, além da científica, são o *conhecimento filosófico* e o *conhecimento teológico*. O conhecimento filosófico tem como tema central os fundamentos da realidade, abordados através de perguntas radicais, tais como, o que é? Essa pergunta indaga pelo *ser* de tudo o que existe (ontologia); qual o sentido do que é? Essa pergunta indaga sobre os *valores* que permeiam tudo o que existe (axiologia); qual a finalidade das ações? (ética). A teologia, tendo superado as crenças míticas, é um saber fundado na *revelação* e na *fé*. Tem como temas centrais a existência de Deus e suas manifestações junto aos homens.

senso comum e ciência[3]. Essa ruptura tem por objetivo colocar uma linha nítida de separação entre conhecimento *falso, sem provas, preconceituoso* (senso comum) e conhecimento *verdadeiro, objetivo, comprovável, útil* (ciência). Boaventura de Sousa Santos, fazendo a crítica do paradigma científico moderno, propõe uma segunda ruptura epistemológica, com a intenção de permitir que o conhecimento científico se transforme em um "novo senso comum"[4]. Não é possível desenvolver aqui matéria tão ampla, dada à natureza introdutória deste livro.

Uma pesquisa para ser considerada científica precisa preencher dois requisitos; a) estar ancorada, minimamente, em um sistema estabelecido[5] de ideias e de princípios, ou pelo menos, em conceito(s) e/ou categoria(s) de pensamento, postos em circulação por opinião divulgada no contexto da área de conhecimentos onde o pesquisador pretende trabalhar, ou campo de conhecimento afim; b) adotar um método que o pesquisador entende adequado para desenvolver as hipóteses das quais parte.

Quem se dispõe a empreender uma pesquisa científica precisa, pois, ter uma bagagem teórica prévia que lhe permita elaborar um projeto coerente e, ainda, precisa conhecer os possíveis caminhos que possibilitam o desenvolvimento das fases programadas da pesquisa. O caminho a ser trilhado é o *método*. A palavra método tem o significado de *trilha, caminho*. Temos aí o sentido de uma palavra coincidindo com o caráter da atividade que implica: atividade que consiste em percorrer etapas que levam da *dúvida*

3. Ver Gaston Bachelard (1987). *Épistemologie*, 4e. édition. Paris: Presses Universitaires de France.

4. "A expressão dupla ruptura epistemológica significa que, depois de consumada a primeira ruptura epistemológica (permitindo, assim, à ciência moderna diferenciar-se do senso comum), há um outro ato epistemológico importante de realizar: romper com a primeira ruptura epistemológica, a fim de transformar o conhecimento científico num novo senso comum. Por outras palavras, o conhecimento-emancipação tem de romper com o senso comum conservador, mistificado e mistificador, não para criar uma forma autônoma e isolada de conhecimento superior, mas para se transformar a si mesmo num senso comum novo e emancipatório", Boaventura de Souza Santos (2000). *A crítica da razão indolente:* contra o desperdício da experiência, vol. 1, 4. ed. São Paulo: Cortez, p. 107 e s.

5. Chamamos aqui de ideias e princípios estabelecidos aos sistemas que, no campo das ciências – no caso ciências humanas – fazem parte de um patrimônio cultural reconhecido. Assim, exemplificativamente, no campo da filosofia, os sistemas racionalista de Descartes; dialético de Hegel e de Marx; fenomenológico de Husserl; criticista de Kant; o culturalista da Escola de Baden; o analítico da Escola de Frankfurt. No campo do direito, o sistema normativista de Kelsen; o tridimensionalista de Reale; o egologista de Carlos Cossio; o da lógica do razoável de Recaséns Siches.

(hipótese de trabalho) até a *conclusões* ou afirmações dotadas de relativa certeza, porque fundadas em dados ordenadamente coletados e analisados; atividade que auxilia na superação da mera opinião (*doxa*) em favor de um conhecimento comprovado e de valor universal (*episteme*).

O método não é em si mesmo um fim, apenas um meio, um instrumento, uma ferramenta de trabalho, sem a qual o pesquisador não consegue organizar as próprias ideias nem encaminhar uma reflexão consistente, convincente e concludente. O método é um meio, mas um meio indispensável quando se quer construir conhecimento científico.

Contudo, atenção, o método não é "camisa-de-força". O pesquisador não precisa, para fazer trabalho científico, renunciar à liberdade de apreciar os dados que coleta de acordo com critérios e recursos que, embora não estejam incluídos na estrita racionalidade científica, forem julgados por ele mais convenientes[6]. Portanto, há um *quantum* de invenção também, quando se trata da utilização dos métodos.

O método deve ser entendido, ainda, como garantia contra o risco de excessivo subjetivismo do cientista. Não que o olhar pessoal do pesquisador deva ou possa ser eliminado, nem que os fatores ideológicos das suas ideias e mensagens possam ser neutralizados, mas o método ajuda-o a manter a evolução do trabalho dentro de certos limites, de modo a que as suas opiniões não venham a constituir obstáculo às conclusões generalizantes. Há muitas nuanças entre as perspectivas pessoais e independentes do autor e a obsessão pelo método, o meio-termo não tem receita pronta, porque é uma questão de bom-senso, de experiência, de maturidade.

Através do método produz-se ciência. Não há um método, mas *métodos* que foram sendo construídos no mesmo ritmo em que se produzia a própria ciência. Portanto, a história da construção dos métodos coincide com a história da ciência e da filosofia (que antes abarcou a ciência)[7].

6. "O homem perfeitamente racional seria um robô, e já não saberíamos qual a pior neurose: se aquela que achamos irracional ou esta da total racionalidade", Pedro Demo (1983) *Introdução à metodologia da ciência*. São Paulo: Atlas, p. 21.

7. Legaz y Lacambra diz que "hasta el siglo XVIII, la ciencia y la filosofía habian ido siempre intimamente unidas. La separación comienza cuando la ciencia progresa a pasos tan rápidos que la filosofia va se quedando atrás; y entonces al no poder detener a la ciencia, ni seguirla, la abandona y la deja ir por su propio camino". *Filosofía del derecho* (1972), 3. ed., Barcelona: Bosch Casa Editorial, p. 18.

Vale acrescentar que a palavra metodologia designa o estudo dos métodos ou dos caminhos da investigação científica, sendo assim, a metodologia científica é, nela mesma, uma ciência integrante do rol das disciplinas construídas, ao longo dos tempos, pelo conhecimento humano.

1.2. Métodos da pesquisa científica: indução, dedução; quantidade, qualidade; análise, síntese

A eleição do método depende do tipo de investigação que se quer realizar, da finalidade que se pretenda alcançar. Contudo, qualquer que seja o caminho teórico-metodológico a ser adotado, os argumentos que o pesquisador utilizará serão, necessariamente, do tipo *dedutivo* ou *indutivo*. De fato, qualquer pesquisa na área das ciências sociais, incluídas as pesquisas jurídicas, se vale de uma dessas linhas de raciocínio ou de ambas, alternadamente.

A *dedução* consiste em tomar como ponto de partida afirmações teóricas de caráter geral, que funcionam como premissas supostamente aplicáveis a determinada situação problemática particular que o pesquisador pretende desenvolver sob a forma de uma ou mais hipóteses de solução. Por exemplo, tomando como referência o conceito de propriedade privada, um advogado analisa o eventual direito de um proprietário que comprou o apartamento onde mora em zona urbana, com "acréscimo do espaço aéreo defronte do imóvel". Conforme cláusula do contrato, sua pretensão (do proprietário), no momento, é impedir a construção de prédio que ultrapassará determinado gabarito, obstruindo o seu suposto direito à paisagem. Observe-se que a premissa – conceito de propriedade privada – está dada na teoria do direito. O que o pesquisador – no caso o operador advogado – deverá fazer é descobrir se a pretensão em análise contém os elementos essenciais ao conceito de propriedade e então concluir, por dedução, se a situação particular cabe ou não na premissa geral. E ainda, se a cláusula contratual é possível ou não em face de outras normas do sistema normativo em vigor.

A *indução* parte de fatos concretos isolados na análise dos quais o pesquisador detecta aspectos fundamentais comuns. Essa identidade ou similitude de aspectos, que une os fatos observados, permite ao pesquisador generalizá-los em uma ou mais categorias teóricas. Por exemplo, a observação da condição idêntica dos camponeses que receberam do

Incra parcelas de terra para moradia e plantação deu origem à categoria "camponês parceleiro", distinta das categorias já existentes na teoria, como posseiro, ocupante, arrendatário[8]. Induzir supõe um movimento intelectual do menor para o maior, do fato particular e irrepetível para uma categoria generalizadora.

Outra classificação, útil para a finalidade que este manual se propõe, é a distinção entre método *quantitativo* e *qualitativo*. O procedimento quantitativo, como está no próprio nome, considera fundamental a quantidade de dados, tanto na fase da coleta como na etapa da organização. Na fase do levantamento de dados utiliza a estatística, dentre outras técnicas quantitativas. Na fase do tratamento dos dados, o pesquisador faz o cálculo dos percentuais a partir de variáveis de antemão definidas. O método quantitativo oferece maior segurança na manipulação dos dados e, consequentemente, maior certeza nas conclusões extraídas. A objetividade, supõe-se, fica perfeitamente garantida. Esse método é o mais comum em pesquisas etnográficas, nas áreas da sociologia e da antropologia, por exemplo. A sua característica é estabelecer relações claras de causa e efeito entre os fenômenos. São exemplos desse procedimento as pesquisas para detectar tendências entre os eleitores (trabalha dados quantitativos colhidos em universos predeterminados). Uma pesquisa sobre juízes de determinada região, admitidos em determinado período, de acordo com varáveis de gênero, idade, classe social dentre outras, quantificadas em tabelas de percentuais constituiu material para, junto com outros dados, testar a hipótese do caráter democrático do exercício da função da magistratura[9].

O método *qualitativo* consiste em interpretações e avaliações de dados que, pela sua natureza, são avessos à quantificação. São estes os dados inerentes ao comportamento humano e que dizem respeito às motivações, aos sentidos, aos desejos, às rejeições, às valorações, às crenças etc. A desvantagem desse método com relação ao anterior é que

8. Ver a esse respeito Análise dos Contratos do Trabalhador Rural: o camponês parceleiro de Macacu, Rosângela Lunardelli Cavallazzi em *Teoria jurídica e práticas agrárias:* o conflito no campo (1994). Rio de Janeiro: Ideia Jurídica, p. 63/87.
9. Ver *Juízes:* retrato em preto e branco (1997) Eliane Junqueira, Maria Guadalupe Piragibe da Fonseca e José Ribas Vieira. Rio de Janeiro: Letra Capital.

perde em objetividade, na medida em que o entendimento subjetivo do pesquisador é variável. Por outro lado, contudo, há vantagens na qualificação dos dados, sem a qual o mundo de significados subjacente aos atos humanos ficaria inacessível. O uso do método qualitativo é mais trabalhoso, pois exige do pesquisador um controle bem dosado de racionalidade e intuição. As interpretações nunca são neutras, como já foi dito acima, por isso, o pesquisador sempre deverá estar atento ao grau de envolvimento pessoal com os dados, quer dizer, com a emoção que os mesmos suscitam. Trata-se aqui, portanto, de o pesquisador estar atento às reações que os dados provocam na sua razão e sensibilidade. O método qualitativo é comum na área das ciências sociais onde, não raro, essas análises são associadas às estatísticas e outros recursos quantitativos[10].

Uma terceira classificação distingue o método *analítico* do método *sintético*. Na verdade, em se tratando de ciências humanas e sociais, análise e síntese apresentam-se como momentos de um único processo metodológico. O primeiro momento consiste na "decomposição do objeto de estudo nas suas partes integrantes, a fim de que os componentes individuais possam ser observados por diferentes ângulos" (Seabra, 2001: 55). No segundo momento (síntese), as partes analisadas são reunidas e integradas, novamente, em um único sistema, categoria, instituição etc. Assim, por exemplo, o tema "representação política e participação popular", abordado pela pesquisadora Maria Arair Pinto Paiva, analisa sob a forma de estudos de caso a Câmara Municipal do Rio de Janeiro, o Tribunal de Contas do Município do Rio de Janeiro e a Agência Nacional do Petróleo. Em seguida, essas práticas foram reunidas em um conjunto explicativo da dinâmica do espaço público[11].

10. A pesquisa *O profissional do direito do ano 2000*, coordenada por Eliane Junqueira, fez a conjugação do método quantitativo com o qualitativo, ao trabalhar com dados levantados mediante questionário aplicado aos alunos de trinta faculdades de Direito do Estado do Rio de Janeiro, que em um segundo momento, foram analisados comparativamente envolvendo a percepção da pesquisadora sobre a realidade de cada instituição pesquisada. Ver *O profissional do direito do terceiro milênio*, Junqueira, Fonseca, (2000) em *Direito no terceiro milênio* (2000). Horácio Wanderley Rodrigues (org.). Canoas/RG: Editora da Universidade Luterana do Brasil (Ulbra), p. 113/124.

11. Ver *Direito:* Controle e autonomia no espaço público (2006). Maria Arair Pinto Paiva (org.). Rio de Janeiro: Uapê.

Nunca esquecer que o método é uma forma, o recheio é dado pelos elementos da *moldura teórica* que vai sustentar as hipóteses que o pesquisador construiu e pelo *problema* a ser discutido no desenrolar da pesquisa. Sendo assim, método não é tudo, no sentido de que aquele que detém conhecimento metodológico se encontraria em condições ideais de desenvolver pesquisa de excelente nível. Não necessariamente. Como se disse acima, o método é uma ferramenta, é uma forma, o conteúdo está representado pelo conhecimento teórico do pesquisador, pela novidade das interrogações e problematizações que levanta, pela habilidade em contornar dificuldades que fatalmente enfrentará no decorrer do trabalho, pela criatividade das conclusões e proposições ao final da pesquisa. É preciso, em uma palavra, gostar da atividade científica, ou como se diz comumente, "ter inclinação" para o *métier* de pesquisador. Evidentemente, trata-se de inclinação adquirida no hábito do estudo.

Não se acredite, tampouco, que o método faz milagres, superando todos os obstáculos e viabilizando todas as pretensões. Há momentos em que o pesquisador precisa recuar e admitir a impossibilidade de continuar pelo caminho que vinha fazendo. Se necessário, muda o caminho. Há momentos em que precisa renunciar a alcançar o que inicialmente se propôs, não obstante todo o rigor metodológico. A pesquisa, nesse sentido, tem um aspecto de arte.

1.3. Fontes da pesquisa científica

Denominam-se *fontes de pesquisa* os lugares de onde são extraídos os dados a serem utilizados na tentativa de comprovar a hipótese ou hipóteses do pesquisador. Podemos resumir as fontes de pesquisa em três grupos: a) bibliografia; b) documentos; c) dados empíricos. A bibliografia e os documentos constituem dados do que poderíamos chamar *pesquisa em textos*. Os dados empíricos integram a *pesquisa factual*.

A busca em fontes bibliográficas tem por objeto a coleta de informações em livros, revistas e publicações impressas similares, incluídas hoje as publicações *on-line*. Os dados bibliográficos são importantes sempre. Para serem bem aproveitados é preciso tomar alguns cuidados. Inicialmente, vale uma reflexão sobre o conselho de Jean Piaget quando diz que o pesquisador não deve ler tudo o que se escreveu a respeito do tema que lhe interessa investigar para não inibir a sua criatividade. Deve ler, sim, abordagens paralelas de autores que apresentam, sobre o tema em questão, enfoques complementares ao que o pesquisador quer estudar. As leituras interdisciplinares, muitas vezes, são sugestivas de aspectos do tema com os quais o pesquisador ainda não tinha atinado[12]. Certamente, convém ao pesquisador conhecer as principais opiniões emitidas por especialistas na matéria, com os seguintes objetivos: a) não repetir, simplesmente, o que já foi dito; b) partir do que está posto por determinada teoria ou tese, no sentido de continuar uma linha de pensamento já iniciada; c) questionar ou mesmo discordar do que está posto para dar início a uma outra vertente de construção teórica.

De fato, a *fonte bibliográfica* sempre foi a preferida dos juristas e operadores do direito. Normalmente, as monografias, artigos, ensaios e demais textos do tipo manuais, compêndios, tratados, cursos, tão comuns na área do direito, são produtos de pesquisa em muitos livros, cujos autores são geralmente mencionados em pé de página, no corpo do texto ou na bibliografia listada ao final do trabalho. Os dados bibliográficos implicam certos riscos, pois, se mal assimilados ou não questionados, podem acarretar a reprodução indefinida das mesmas ideias, sem acréscimo de contribuição original.

Como já foi dito acima, o pensamento científico tem continuidade no tempo, no sentido de que as ideias evoluem, ganham desdobramentos, se ramificam, deslocam-se formando novos eixos, graças ao trabalho de muitos pesquisadores. A coleta bibliográfica, portanto, é indispensável, mesmo quando o estilo de pesquisa é o empírico, como se verá adiante. Isso porque as referências teóricas são imprescindíveis a toda e qualquer modalidade de pesquisa no campo das ciências sociais, aqui incluída a ciência do direito.

Há quem diga que o verdadeiro cientista para criar deve "esquecer" tudo o que leu[13]. Isso significa que, quanto maior o poder criativo, tanto

12. Esse é o motivo pelo qual as disciplinas ditas de formação fundamental são incorporadas atualmente dos currículos ao cursos de direito. Com recursos dessas e de outras disciplinas e com a aplicação de técnicas de interdisciplinaridade, o conhecimento do direito ganha, tanto sob o aspecto do desenvolvimento teórico, como da operacionalização.

13. Ver Luis Alberto Warat em *Epistemologia do ensino do Direito*: o sonho acabou (2004) e o *Surfando na pororoca:* O ofício do mediador (2004). Florianópolis: Fundação Boiteux.

menor o vínculo com ideias anteriormente expostas na matéria objeto da reflexão. Isso é certo, em termos. Para se alcançar esse estágio é preciso ter adquirido considerável acúmulo de informações, através, seguramente, de leituras de muitos autores e obras, através da reflexão sobre as mesmas e sobre a observação da realidade. O verbo esquecer ganha então o significado de autonomia de pensamento, de capacidade para criar caminhos novos, de habilidade para realizar interseções entre áreas diferentes da ciência, de segurança para avançar opiniões e pontos de vista inusitados. Contudo, essa autonomia, em ciência, não é gratuita, pelo contrário, se constrói no tempo, pelo amadurecer do conhecimento, resultando, para o cientista, em patrimônio de ideias interpretadas e assimiladas, incorporadas umas, criticadas ou mesmo rejeitadas, outras. É, indispensável, portanto, acumular conhecimento para, um dia, poder "esquecê-lo".

A fonte *documental* é muito utilizada, em todas as ciências sociais. Entende-se por documento, qualquer tipo de objeto, incluídos cartas, diários, atas, manuscritos, textos impressos, filmes que comprovam, esclarecem, registram fatos acontecidos no passado, remoto ou recente. Um livro, revista, boletim, pode ser consultado na condição de documento, quando o que interessa ao pesquisador não são propriamente as ideias ali expendidas, mas as informações sobre uma época ou os dados relativos a fatos e/ou pessoas importantes do ponto de vista histórico.

Os documentos são *públicos,* oficiais ou não, e *particulares.* São públicos documentos como certidões, escrituras, papéis constantes de arquivos públicos, autos de processos judiciais, ou algumas de suas peças (sentenças, pareceres, laudos, acórdãos dos Tribunais). São particulares documentos de acesso restrito, ou não disponibilizados à consulta, porque pertencentes a pessoas privadas e sob a sua guarda e poder. No Brasil, o Arquivo Nacional costuma catalogar arquivos particulares de valor histórico, visitando-os periodicamente para avaliar o grau de conservação em que se encontram.

A fonte *empírica* é integrada por dados reais e concretos, coletados no dia a dia das relações humanas e sociais. O dado empírico é fundamental nas várias disciplinas do grupo das ciências humanas, como a sociologia, a antropologia, a história, a psicologia. Essas ciências começam por descrever os fatos do universo escolhido para pesquisar, com o objetivo de, num segundo momento, estabelecer conclusões generalizantes.

A pesquisa empírica é aconselhável e, mais do que isso, uma necessidade contra o excesso de especulação realizada em gabinete. Principalmente na área do direito, como vem sendo dito ao longo deste texto, a pesquisa empírica é saudável, porque areja a dogmática exageradamente ensimesmada em seus próprios conceitos. Graças à pesquisa empírica, o pesquisador sai da biblioteca e entra em contato com os fatos tal como se apresentam. A partir do conhecimento dos fatos o pesquisador jurista pode confrontá-los com os fatos construídos pela teoria do direito e verificar a correspondência maior ou menor entre a realidade e a construção e, o que é mais importante, entre a realidade e a regulamentação das leis.

Mas, atenção para não se incidir no simplismo da crença ingênua nos fatos, na ilusão da verdade contida naquilo que diretamente se observa[14]. Pesquisar os fatos significa ir além dos próprios fatos, no que têm de visível "a olho nu". É preciso distinguir, pois, a pesquisa empírica do empirismo inconsistente que se limita ao observável, ao comportamento que se exterioriza. Os fatos são pontas de *iceberg*, a partir deles devemos buscar as suas causas, chegando a outros fatos, em camadas mais profundas da realidade, acessíveis com o auxílio de critérios teóricos previamente estabelecidos. Por outro lado, a pesquisa empírica não vem desacompanhada do conhecimento teórico, sob pena de se transformar em mero "achismo", sem qualquer valor científico. Suponhamos um questionário aplicado a determinado número de pessoas integrantes da amostra calculada a partir de um universo escolhido de acordo com os objetivos de uma determinada pesquisa, digamos moradores de um bairro. As respostas às indagações do questionário vão apresentar maior ou menor grau de coincidência, maior ou menor correspondência com a percepção do pesquisador a respeito do perfil da amostra e por aí vai. Depois de tabuladas as respostas, o passo seguinte é fazer alguns cruzamentos entre algumas respostas, de sorte a obter a confirmação, ou não, de algumas suposições prévias. O último

14. Alertando para os riscos do empirismo, diz Pedro Demo: "Inevitavelmente é superficial se aceitarmos a ideia de que a realidade se dá na superfície. Nem sempre a parte observável é a mais importante, ou a que interessa", *Introdução à metodologia da ciência*, 1983, p. 102.

passo é fazer a análise dos resultados obtidos de acordo com molduras teóricas que desde o início foram explicitadas no projeto de pesquisa. O pesquisador evita o "achismo" pela aplicação criteriosa da moldura teórica para a compreensão dos dados que levantou no questionário[15].

1.4. Técnicas de levantamento de dados

Não se deve confundir *métodos* com *técnicas* de pesquisa científica. Em linguagem corrente entre os especialistas, o método é uma *estratégia* e as técnicas nele incluídas são *táticas*. A estratégia supõe a escolha de uma linha de planejamento, organização e análise dos dados, que define a natureza do trabalho. Uma *pesquisa histórica*, por exemplo, poderá tratar de analisar e explicar a estrutura, digamos de um código, buscando as suas raízes em ideias desenvolvidas em momentos históricos diferentes, buscando pontos de interseção entre momentos da vida do direito. A comparação supõe uma ou mais referências históricas utilizadas de sorte a permitir uma interpretação do caráter e da função exercida pela lei objeto de estudo[16].

Suponhamos, agora, uma *pesquisa empírica*, que tem por finalidade encontrar as razões da ineficácia de certas leis e regulamentos no fato da disparidade de entendimentos sobre o valor de prescrições e sanções, dentro do mesmo grupo social. Para unificar os dados coletados a partir de opiniões concretas, reais e torná-los generalizáveis, é preciso pontuar elementos que se evidenciaram em todos os fragmentos de realidade levantados. Se isso for obtido, poder-se-á dizer, por exemplo, que, no interior da mesma cultura, existem modos diferentes de entender quando se trata de avaliar a conveniência, oportunidade, justiça das regulamentações oficiais[17].

15. Ver O Profissional do Direito do Terceiro Milênio, Eliane Junqueira e M. G. Piragibe da Fonseca em *Direito no terceiro milênio* (2000), Horácio W. Rodrigues (org.). Canoas: Editora da Ulbra, p. 113 a 124.

16. Ver o comentário a um texto de André-Jean Arnaud feito por Giovanni Tarello onde este autor realiza, tal como o autor do texto comentado, uma pesquisa histórica a respeito do Código Civil francês. A Propósito del "Código Napoleônico": sobre los Orígenes Doctrinales del "Código Civil", em *Cultura Jurídica y Política del Derecho*, Giovanni Tarello (1995). México: Fondo de Cultura Económica, cap. V, p. 109 a 122.

17. Ver Cultura Jurídica e Eficácia Normativa, Maria Guadalupe Piragibe da Fonseca, em *Pesquisa em Revista*. (2000). Rio de Janeiro: Letra Capital e OAB-RJ.

As *técnicas* de pesquisa são várias e não se esgotam em enumerações. Existem aquelas mais correntes, como: *fichamento* de bibliografia; *catalogação* dos documentos a serem analisados; *entrevistas abertas* e *fechadas*; *relatórios*, inclusive *diários de campo*. Os *estudos de caso*, e as *histórias de vida*, embora aqui relacionadas, são mais do que técnicas, são análises que implicam a utilização de diferentes técnicas[18]. O importante é que as técnicas e análises escolhidas permaneçam sintonizadas com a linha de investigação, ou seja com a *estratégia* adotada, sob pena de fracassarem como *táticas*. A experiência vai mostrando os modos mais adequados de enfrentar o levantamento de dados e registrá-los.

O modo de realizar o *fichamento bibliográfico* é pessoal, no entanto, há alguns conselhos que valem na medida em que facilitam a tarefa. As fichas em cartolina são hoje substituídas pelos programas de computador, contendo os dados seguintes: nome completo do autor; título da obra (livro, artigo); edição (série, volume); lugar da publicação; editora; ano da publicação; número de páginas. Segue-se uma síntese do texto e também uma apreciação crítica do leitor, na perspectiva do trabalho que vai realizar.

A consulta aos documentos pode ficar também registrada em fichas, onde constam: origem da informação; lugar; autor. Segue-se a síntese do teor do documento de modo bem objetivo (ideias centrais do documento); apreciação pessoal à luz das finalidades do trabalho que se realizará[19].

As *entrevistas fechadas* são aquelas realizadas por meio de um questionário. Para facilitar a tabulação dos dados, as respostas podem ser de escolha múltipla (uma opção exclui as demais). Nas *entrevistas abertas* o pesquisador deixa o entrevistado falar, a partir de indagações organizadas com antecedência, mas que podem mudar, dependendo das informações prestadas pelo entrevistado no evoluir da entrevista. As entrevistas abertas são mais ricas. Podem ser gravadas com a concordância do entrevistado.

Os *relatórios* de visitas e outros eventos devem incluir: a identificação do lugar da visita ou do evento; o tema central tratado; a síntese do que foi visto e/ou ouvido; a apreciação pessoal em termos da correspondência

---

18. Ver Mirian Goldenberg (2000), ob. cit., p. 33 e s.

19. Para informações mais detalhadas ver Asti Vera (1983). *Metodologia da pesquisa científica*. Porto Alegre: Globo, segunda parte, p. 115 e s.

com o trabalho que se realiza.

A pesquisa etnográfica[20] usa os *diários de campo* contendo em detalhe tudo o que o pesquisador observou durante a jornada de pesquisa (situações, pessoas) seguidas das apreciações pessoais.

O *estudo de caso* é uma análise hoje utilizada na área das ciências sociais, mas a sua origem se encontra na pesquisa médica e psicológica[21]. O estudo de caso é menos do que uma larga abordagem sociológica para a determinação de tendências por meio de tabelas estatísticas. Contudo, sob um outro aspecto, o estudo de caso é mais do que a determinação de tendências sociais genéricas. Consiste em lançar um olhar atento sobre um especial fato, ou sobre uma manifestação particular do assunto que se pretende compreender, para captá-lo em todos os seus detalhes e especificidades. A descrição minuciosa de um único caso pode levar ao conhecimento mais profundo da realidade no qual está inserido. Tomemos, por exemplo, o estudo de um especial bairro da cidade do Rio de Janeiro para efeito de verificar o índice de transgressões ao Código de Trânsito brasileiro. Esse estudo pode se tornar revelador de características importantes dos moradores da cidade, explicadas por traços culturais, mal percebidos ou mesmo ocultos, nas médias estatísticas de pesquisas de órgãos públicos ou privados. O estudo de caso é relevante na medida em que o caso analisado e aprofundado pode servir de modelo para estudos análogos[22]. O "caso referência" é menos do que o estudo de caso. Consiste em eleger um caso padrão ou caso exemplar para ilustrar o andamento da pesquisa.

A metodologia do estudo de caso envolve técnicas, como *entrevistas abertas* ou mesmo *fechadas*; *debates* com pessoas do universo recortado; *recolhimento de dados* com entidades particulares, tais como associações, sociedades; com órgãos públicos, como delegacias de polícia, prefeitura,

20. Etnografia é o estudo descritivo das sociedades humanas, muito comum entre os antropólogos.
21. "(...) Se refere a uma análise detalhada de um caso individual que explica a dinâmica e a patologia de uma doença dada", Mirian Goldenberg, em *A arte de pesquisar*, ob. cit., p. 33.
22. "Construir o objeto supõe também que se tenha, perante os factos, uma postura activa e sistemática (...) Trata-se de indagar sistematicamente o caso particular construído em 'caso particular do possível' como diz Bachelar, para retirar dele as propriedades gerais ou invariantes", Pierre Bourdieu (1989). Introdução a uma Sociologia Reflexiva em *O poder simbólico*. Lisboa: Difel (Difusão Editorial Ltda.), p. 32 a 34.

juizados especiais. Enfim, são válidas, dentro de limites éticos, é claro, todas as táticas que o pesquisador considera elucidativas do caso estudado. O que interessa é o maior aprofundamento possível da situação analisada como recurso de compreensão de uma realidade que extrapola o caso[23].

A análise conhecida como *história de vida* consiste no recolhimento de dados biográficos de pessoas cuja atuação repercutiu na sociedade em que vivem ou viveram, tornando-as protagonistas na cena política e/ou cultural. Utilizada em ciências sociais, a história de vida tem sido aplicada para o conhecimento e avaliação de decisões políticas[24] e, de um modo mais amplo, de criações culturais[25], que marcaram uma época.

Até onde a história de vidas privadas cristalizam valores, tendências, interesses sociais a ponto de se poder afirmar que as experiências pessoais e intransferíveis revelam o universo maior do histórico, do social? Evidentemente, não se trata de qualquer vida privada, mas daquelas vidas que deixaram marcas no nível do social, quer pela participação política, quer pela inserção na cultura de uma sociedade, em determinado momento histórico. Na verdade, todos nós refletimos em nosso comportamento o ambiente em que nascemos ou fomos criados. A construção de cada vida ocorre na dimensão do singular, entretanto, nessa construção está contida, de certa forma e em certa medida, a dimensão do social. Partindo-se desse pressuposto, há vidas particulares que são dignas de serem historiadas porque os valores ou desvalores que lhes serviram de critérios para as suas opções revelam um espaço maior, dentro de cuja moldura o conjunto de ações e decisões ganham sentido mais amplo. Assim, por exemplo, as histórias de vida de juristas como Tobias Barreto, Clóvis Bevilácqua, Pontes de Miranda, Evandro Lins e Silva, dentre outros, são esclarecedoras das características de diferentes épocas no que se refere à concepções de direito e de justiça. Suas obras e demais posturas políticas explicam as respectivas personalidades, mas não apenas isso, desvendam, também, as circunstâncias sociais que facilitaram ou dificultaram as respectivas escolhas.

23. O livro citado *Juízes:* retrato em preto e branco (1997). Eliane Junqueira e outros, retrata um universo restrito, mas pode servir de modelo para outras pesquisas do gênero.

24. Ver Aspásia Camargo (1984). Os usos da história oral e da história de vida: trabalhando com elites políticas, em *Dados*/Revista de Ciências Sociais vol. 27, nº 1. Rio de Janeiro, p. 14 e s.

25. Ver *Leonardo, o primeiro cientista* (2002). Michael White, tradução de Sérgio Moraes Rego, Rio de Janeiro: Record.

1.5. Metodologia, Epistemologia e Lógica

O estatuto teórico da *metodologia da ciência* não é fácil de ser estabelecido, dado que as fronteiras com outros saberes afins nem sempre são muito claras. As assimilações mais comuns são feitas ora com alguns setores da filosofia, ora com o estudo das técnicas do fazer científico (Bittar, 2001: 15/20). Na esfera da filosofia, a metodologia apresenta vínculos com a *epistemologia*, também chamada *filosofia da ciência*, e com a *lógica*. Por outro lado, é muitas vezes confundida com o estudo do conjunto *das técnicas* utilizadas na realização da pesquisa. Todavia, cada uma dessas esferas do saber tem seu espaço próprio.

A *epistemologia* se ocupa de determinar as condições de possibilidade do conhecimento científico, avaliando as facilidades e os obstáculos do labor do cientista a partir das metas que se propõe alcançar. A metodologia tem, certamente, por base a epistemologia, na medida em que as escolhas metodológicas (linhas de investigação a serem seguidas) estão atreladas às concepções do pesquisador sobre a realidade que vai abordar. Mas a metodologia se distingue da concepção de realidade que é o seu ponto de partida, uma vez que tem por objeto a organização do material com o qual o pesquisador trabalha. Graças à metodologia o pesquisador está apto a aplicar princípios de racionalidade aos dados que recolhe, de tal modo que possa extrair desse material conclusões que ofereçam a suficiente certeza que a ciência exige.

A *lógica é* a técnica de construção do pensamento. Suas regras compõem uma linguagem artificial – as proposições – mediante as quais se obtém a construção dos raciocínios científicos. A lógica tem uma dimensão normativa, pois suas regras devem ser seguidas para a produção de raciocínios inteligíveis. Para o cientista que se preza não basta pensar, é preciso "bem pensar"[26]. O pensar corretamente, do ponto de vista formal, significa a subordinação a certos critérios lógicos que permitem fazer prevalecer a razão sobre outras forças humanas como a emoção, a intuição. É evidente que o homem é combinação de paixão e razão, senão não passaria de máquina, mas este é outro assunto que

26. É o que Pedro Demo chama de "jeito": "pensar é ter ideias com jeito", *Saber pensar*, São Paulo: Cortez, 2001, p. 31.

justificaria um capítulo à parte. O que importa, no entanto, aqui ressaltar é que as demonstrações e/ou conclusões científicas dependem de raciocínios encadeados que levem ao convencimento do auditório ao qual se destina.

A prática do operador do direito ilustra bem a vantagem de "pensar com jeito", quando os argumentos alinhados para a defesa de uma tese, a favor ou contra uma dada reivindicação, partem de pressupostos plausíveis e se desenrolam segundo uma ordem considerada lógica, no sentido de dirigida para persuadir da sua adequação ao caso. Em casos semelhantes a mesma ordem de ideias se repete, pois, *ubi aedem ratio ibi aedem iuris dispositio* (onde houver a mesma razão para decidir haverá o mesmo preceito jurídico). Esse princípio construído na prática do operador de direito se tornou uma regra de lógica jurídica.

A metodologia guarda semelhanças com a lógica e com a epistemologia, mas com elas não se confunde. A metodologia *pressupõe,* como se disse acima, uma epistemologia e implica a *adoção* de regras da construção lógica dos raciocínios. Como caminho que é, a metodologia auxilia o cientista, incluído o cientista do direito, a construir a ciência. No caso do operador do direito, a metodologia leva-o a armar seus argumentos de sorte a promover uma razoável aplicação do direito.

As metodologias aplicadas às ciências sociais são muitas. Não interessa aqui mencioná-las todas, por ser tarefa que ultrapassa as pretensões deste livro. Melhor será direcionar esta abordagem para o que diz respeito mais diretamente à pesquisa jurídica. A metodologia mais importante no campo do direito, aquela que se consagrou hegemonicamente e se encontra incorporada à ciência jurídica da modernidade, é o *positivismo.* As características mais marcantes do positivismo científico, segundo Pedro Demo, e que podem ser aplicadas à metodologia da ciência do direito são: a) se prende, de preferência, ao que a ciência diz sobre a realidade do que à realidade mesma, ou seja, aos dados empíricos; b) não valoriza a filosofia; c) afirma a objetividade e a neutralidade dos enunciados científicos; d) afirma o progresso científico; e) adota como modelo a lógica formal, segura e a-histórica; f) afirma que a finalidade da ciência é estabelecer a verdade[27].

27. Essas características estão dadas em *Introdução à Metodologia da Ciência* (1983). Pedro Demo, ob. cit. p.103.

O positivismo jurídico não coincide com o positivismo científico, mas guarda com ele alguns vínculos que se tornam essenciais para a compreensão da metodologia da ciência jurídica dogmática. Assim é que o método da dogmática jurídica ignora a realidade tal qual é, para interessar-se pela realidade transmudada em hipótese legal. Nesse sentido, o mundo do direito coincide com o mundo das regras, em especial das leis. Não apenas das leis, mas da interpretação das leis, como, ainda, das decisões que são tomadas a partir delas. Ou seja, a realidade jurídica é a realidade construída para padronizar os fatos reais. Sendo assim, só são considerados juridicamente os fatos contidos nos padrões legais ou a eles redutíveis mediante técnicas de interpretação e de preenchimento de lacunas do ordenamento jurídico.

O positivismo jurídico não conta com as especulações filosóficas para resolver questões de legitimidade ou de justiça. As técnicas de elaboração das leis garantem a legitimidade das obrigações, proibições e permissões contidas nas leis. A justiça é a justiça da lei, ou do significado que o intérprete autorizado lhe atribui. Quando se questiona a validade de uma lei vigente, a rigor, se está questionando a ideologia que sustenta o ordenamento vigente.

A objetividade e a neutralidade dos enunciados jurídico-científicos, bem como das decisões dos operadores do direito, vêm sofrendo frequentes contestações, não obstante, essa crença ainda persiste na teoria e na prática do direito. Não é tão raro encontrar uma sentença judicial onde o juiz afirma que a sua decisão é "técnica e não política". Tal afirmação quer fazer crer que a sentença foi motivada por considerações de ordem técnico-jurídica, não coincidentes com razões de ordem política. A separação entre as duas ordens – técnica e política – garante a objetividade e a neutralidade da decisão e, por via de consequência, a certeza e a segurança.

O positivismo jurídico não afirma propriamente o progresso real da ciência do direito, mas enfatiza o passado e a tradição como fontes ideais da construção jurídica, teórica e prática do direito[28]. Parece

28. Progresso da ciência "no sentido de que muitas ciências já são maduras, tendo obtido resultados definitivos, como a física, a matemática, a lógica". Pedro Demo, ob. cit., p. 103.

possível se deduzir daí que há entre os juristas a convicção da existência de um momento na história em que a ciência do direito atingiu seu ponto culminante, que é preciso valorizar e resgatar. A valorização do Direito Romano, independentemente das circunstâncias sociais, parece ilustrar esse modo de pensar.

A lógica preferida do positivismo jurídico é a *formal,* em especial a lógica dedutiva que parte do geral para o particular, de modo a subsumir fatos reais aos modelos criados pela lei e pela teoria jurídica[29]. As técnicas de interpretação ainda correntes na prática do operador do direito valorizam o raciocínio silogístico que parte de uma norma dada para o caso concreto. Na medida em que a aplicabilidade da lei ao fato não é questionada quanto a sua oportunidade e adequação, afirma-se a a-historidade da lei ou da jurisprudência. Na verdade, a adequação das leis às circunstâncias sociais do momento só cabe ao legislador. Também compete ao aplicador do direito, desde que dentro dos limites permitidos pelo sistema. Esse é o sentido do princípio "uma lei vale até que outra venha revogá-la ou substituí-la".

O positivismo jurídico afirma uma "verdade jurídica" quando aceita a lei, ou o conjunto de leis formando um sistema, como critério definitivo da solução dos problemas jurídicos. A interpretação da lei é, sem dúvida, a participação do operador do direito na fixação do sentido das leis. Não obstante, os sentidos de cada lei não são atribuídos livremente, mas estão atrelados a uma matriz que é o significado do sistema no seu conjunto. Os valores jurídicos da ordem, da certeza, da justiça, numa palavra, a verdade jurídica, dependem da manutenção dessa matriz de significados.

2. MÉTODO SOCIOJURÍDICO-CRÍTICO

Uma questão importante que é preciso deixar bem clara neste momento é que não há ainda um método de pesquisa na área do direito que, em sã consciência, se possa afirmar pronto e acabado. Quando se fala, portanto, em método de pesquisa jurídica se está mencionando uma construção ou um pensamento *in fieri*, quer dizer, algo que se forma, tanto no nível

29. O ato de subsunção consiste na subordinação do fato concreto ao preceito geral e abstrato contido na lei. Trata-se de uma técnica antiga e hoje muito polêmica que acredita na possibilidade da aplicação mecânica da lei ao caso, como se todas as situações concretas sempre encontrassem no ordenamento jurídico um padrão geral adequado.

teórico como no espaço da prática. Sendo assim, é possível dizer que o método ocupa um capítulo da discussão sobre as condições de possibilidade da pesquisa jurídica; não se trata, pois, de uma "receita" para ser aplicada. Aqui estão expostas ideias sobre como encaminhar essa reflexão, sobre como pensar a construção da metodologia da pesquisa jurídica, incluindo as dificuldades e impasses com as quais essa construção se depara.

Convém começar por explicar o porquê de se encontrarem juntas as palavras *sócio*, *jurídico* e *crítico* qualificando o método. A rigor, o método é sociojurídico, pois não há como separar no estudo de temas da área do direito esses dois aspectos: o social e o jurídico, apenas cabe distingui-los. A pesquisa em ciências sociais de um modo geral, e a do direito em particular, problematiza o mundo: o mundo social, o mundo das condutas intersubjetivas. No caso da pesquisa jurídica a problematização implica, logo de início, a intenção de identificar que realidades sociais podem ser expressas de forma jurídico-normativa. Os fatos de que se trata, portanto, para quem se dispõe a pesquisar na área do direito são, quanto a sua natureza, problemas sociais ou conflitos sociais. São problemas que nascem das relações entre pessoas. Sendo assim, o *sócio* no título do método quer dizer que a pesquisa em direito tem como referência primordial o que se põe na realidade social, nos fatos da convivência. Mesmo que se trate de pesquisa em áreas como a filosofia do direito ou a história do direito, a investigação, embora possa estar concentrada na discussão sobre conceitos, ou na descrição de etapas cronológicas, não deve ser puramente abstrata, mas sim referenciada constantemente em fatos reais extraídos do momento vivido. Sem problematizar a realidade, sem questioná-la ou interrogá-la corre-se o risco de se estar a reproduzir conhecimento jurídico sem atentar para as possíveis inadequações, que o tornam inapropriado para a função a que se destina, qual seja, fundamentar a regulamentação e decisão dos conflitos. Por exemplo, pesquisar, na área do direito penal sobre a repressão jurídica da violência ou sobre a eficácia das sanções ou sobre as causas históricas da prescrição em lei desta ou daquela sanção supõe informações, tais como as razões sociais da violência; a situação dos apenados enquanto cumprem a pena; as condições do ex-detento na sociedade.

O conhecimento contextualizado dos temas jurídicos estudados, além de emprestar confiabilidade, tanto às hipóteses como às conclusões da pesquisa no direito, oferece, ainda, base segura para políticas públicas, novas iniciativas legislativas e novas decisões judiciais.

O aspecto *jurídico* do método está diretamente relacionado aos fatos sociais que interessa à sociedade regular de forma obrigatória. Vale dizer que há fatos sociais regidos juridicamente e outros não. Há fatos que em determinado momento da história de um povo não se encontram previstos nos códigos de leis e em outros momentos passam a estar contidos nas leis. A regulamentação jurídica é coercitiva em nome do favorecimento de valores que a sociedade reputa indispensáveis à garantia de direitos individuais e coletivos e, portanto, necessários à própria manutenção da convivência entre cidadãos. Hão de se considerar ainda as injunções políticas que condicionam escolhas jurídicas e que repercutem na maior ou menor eficácia das leis[30]. A dimensão jurídica da vida social é determinante quando se trata de escolher o tema da pesquisa jurídica. A dimensão *jurídica* do método implica também levar em consideração o conhecimento acumulado sobre o direito. Sendo assim, a problematização do mundo social, no enfoque do pesquisador jurista, não pode esquecer que o conhecimento do direito está integrado por construções teóricas sedimentadas: categorias, conceitos, definições, normas, princípios e respectivos sentidos que formam o patrimônio de conhecimentos jurídicos acumulados no tempo. Nesse sentido, o método da pesquisa jurídica tem de levar a sério a ideia de construção e reconstrução, típica do direito moderno. Ao concordar ou discordar das opiniões e teses jurídicas está o pesquisador acrescentando seus pessoais pontos de vista e contribuindo, em maior ou menor medida, para a construção do conhecimento do direito. Deve ainda o pesquisador atentar para o fato da modelagem da realidade que resulta da construção/ reconstrução jurídica e precisa estar de acordo com padrões úteis para a finalidade de atender às atividades profissionais dos diferentes operadores do direito: encaminhar, propor soluções de conflitos, equacionar interesses. Utilizando o exemplo anterior, se o pesquisador questiona a

30. Marcelo Neves, estudando o sentido social e político dos textos constitucionais, enfatiza o fato da expansão da esfera do político em detrimento da autonomia do jurídico. *A constitucionalização simbólica* (1994). São Paulo: Acadêmica, p. 129 e s.

eficácia das penas contidas no ordenamento jurídico, por exemplo, a pena privativa da liberdade, deverá aprofundar o conhecimento desse tipo de sanção como categoria do direito penal, procurando desenvolver a sua própria opinião a partir do estado da arte – ou seja, do grau de desenvolvimento dos estudos – na área do direito penal. Qualquer tema jurídico possui, sem dúvida, uma dimensão social, mas possui também uma dimensão técnica que permite identificá-la como pertencente ao universo jurídico como campo específico de conhecimento[31].

Finalmente, a palavra *crítica* se refere a um especial tipo de olhar que se lança sobre o objeto de pesquisa, seja em que área for das ciências sociais. Em se tratando de pesquisa jurídica, o enfoque crítico supõe três condições: a) conhecer a dogmática jurídica – que alguns dizem ser a própria ciência jurídica moderna[32] – de sorte a conhecer suas características, limitações e deficiências; b) ir além da dogmática, no sentido de confrontar as suas construções com a vida mesma, com a convivência, onde as novas relações sociais sempre estão a emergir; c) relacionar os instrumentos e recursos técnicos da dogmática jurídica à prática das instituições sociais detentoras do poder de decidir. Em outras palavras, supõe-se no pesquisador a capacidade para compreender os vínculos entre direito e poder e a relação de condicionamento entre a eficácia das formas jurídicas e as condições das instâncias de poder instituídas. Por outro lado, do ponto de vista do "como fazer", o olhar crítico sobre o tema escolhido supõe a tentativa de enxergar além das aparências. Para alcançar esse nível, oculto à primeira abordagem, de um tema é necessário conhecer as fases da trajetória do instituto jurídico analisado. Não se trata de tecer um histórico, mas de identificar os momentos da construção do instituto de sorte a detectar as causas da sua criação, as transformações porventura sofridas, as deficiências que apresenta. Com tais informações, o pesquisador estará em condições de descer às

31. O Poder Judiciário, os valores republicanos, o sistema penitenciário, dentre outros temas, têm sido objetos de pesquisa de sociólogos como também de juristas. Quando se comparam essas pesquisas é possível perceber algumas nuanças que distinguem o olhar jurídico de um pesquisador jurista, cuidadoso quanto à contextualização social do seu tema, mas consciente dos limites da construção jurídica.

32. Ver a esse respeito Tércio Sampaio Ferraz Jr. *Introdução ao estudo do direito:* técnica, decisão, dominação (2003), 4. ed. São Paulo: Atlas, capítulo 3.

raízes do instituto pesquisado, para poder melhor avaliá-lo à luz dos fatos sociais novos, fatos que motivaram o pesquisador a entender, por exemplo, o porquê da suposta precariedade de determinado instituto jurídico para o enfrentamento de demandas atuais. Ainda no contexto do exemplo acima, uma abordagem crítica da eficácia das sanções penais, em especial da categoria pena privativa da liberdade, supõe analisar as categorias penais em questão, procurando apontar as raízes históricas e culturais da sua implantação, os valores que estiveram em jogo no momento em que foi adotada pelo legislador, as influências que atuaram de maneira mais forte. Esse conhecimento dará base razoável para uma avaliação, no momento presente, da permanência ou não das mesmas razões que motivaram o legislador do passado. A crítica só é consistente quando conta com esses elementos de conhecimento teórico, além dos dados empíricos que mostram, muitas vezes e de forma bastante contundente, a inadequação ou as contradições que marcam o instituto estudado.

As três palavras integrantes do título do método apontam para três elementos inseparáveis na atividade de pesquisa no direito: o **ponto de partida** para a construção do tema da pesquisa: a *realidade social, incluindo-se a percepção que os leigos em direito possuem das leis e demais regras jurídicas*; o **lugar** no campo do conhecimento onde se situa a pesquisa do tema: *o direito como ordenamento e como conjunto de opiniões teóricas*; o **enfoque ou perspectiva** aplicada à análise do tema: *olhar que aprofunda o tema buscando suas raízes históricas e sociais.*

Uma pergunta: o método aqui denominado sociojurídico-crítico serve para os dois modelos de pesquisa jurídica, a pesquisa científica e a operacional? Sim no que diz respeito às linhas mestras, expressas nas características acima descritas. No entanto, dependendo da meta a ser alcançada ou do resultado que se deseja com a pesquisa, devem ser utilizadas diferentes técnicas. Assim, no que se refere à pesquisa jurídico-científica, o ponto de partida é uma pergunta cuja resposta se desconhece. Pode ocorrer que se conheça uma ou mais respostas à indagação feita, entretanto, para os efeitos do trabalho de investigação científica, estas devem ser descartadas, ou pelos menos postas entre parêntesis, de modo a dar lugar à busca de uma outra resposta que possivelmente se apresente como mais adequada. O material de que o pesquisador dispõe inicialmente – seja bibliográfico, seja empírico – pode ter-lhe sugerido o levantamento de uma hipótese de trabalho, ou seja, de uma assertiva prévia à pesquisa, cuja viabilidade será testada ao longo do trabalho de investigação científica. A dinâmica da pesquisa jurídico-científica, daí por diante, consiste em coletar material novo, sistematizá-lo e analisá-lo com o objetivo de conduzir o pesquisador a uma convicção sobre a pertinência, adequação, oportunidade, eficácia etc. da hipótese proposta. Ao final da pesquisa, a hipótese levantada inicialmente resultará comprovada ou não. Ainda explorando o exemplo inicial, digamos que as várias tentativas de análise da eficácia da pena privativa da liberdade levem à conclusão que ainda é a pena mais adequada para crimes com certas características definidas em lei e que a hipótese inicial sobre a inadequação desse tipo de pena não fique comprovada. Contudo, vale aqui insistir: o que importa não é propriamente a conclusão que encerra a pesquisa – que se pode tornar muito polêmica – mas a isenção e objetividade com que a pesquisa foi conduzida.

No caso da pesquisa jurídico-operacional as técnicas são diferentes. O ponto de partida é o problema real ou concreto que se coloca diante do operador do direito. O material de que o pesquisador dispõe no encaminhamento do problema para a solução é o ordenamento jurídico vigente, que embora fundamental – é preciso insistir – não é a única fonte. O operador advogado dispõe de outras fontes, algumas de caráter normativo, como a jurisprudência, outras de caráter opinativo, como a doutrina jurídica. A dinâmica da pesquisa jurídico-operacional consiste em construir, através da interpretação, o sentido das regras que melhor se adaptem às circunstâncias do caso concreto, ou completar a lei, pela via da integração, quando esta não traz resposta para a situação concreta.

O método descrito, aplicado à pesquisa jurídico-científica, pode e deve incluir elementos de outras ciências, como a sociologia, a economia, a ciência política, a antropologia, a psicologia, construindo-se desse modo um quadro inter ou multidisciplinar onde o tema analisado ganha proporções inusitadas e não perceptíveis quando focalizado no interior da exclusiva moldura dogmático-jurídica. Como diz Tércio Sampaio

Ferraz Jr.[33], a dogmática jurídica não esgota o campo da ciência do direito. De acordo com essa afirmação, entende-se que é possível aplicar o método aqui denominado sociojurídico-crítico para estudos descritivos de variados temas jurídicos com o objetivo de questionar e mesmo contestar definições, classificações, categorias, institutos e outras construções jurídicas positivadas, bem como opiniões doutrinárias estabelecidas. A aplicação do método – é preciso que se diga – exige considerar que se a pesquisa jurídico-científica não deve ter intuito apenas especulativo, muito menos a pesquisa jurídico-operacional. Em ambas, vale enfatizar, a finalidade é principalmente prática, pois se desenrola em um campo onde as decisões sobre como regulamentar as relações sociais, ou sobre como solucionar uma situação de conflito são prioritárias. O método jurídico em questão, portanto, quando bem conduzido, enriquece o conhecimento do direito, abrindo caminhos para a fundamentação de novas e mais apropriadas propostas de regulamentações, soluções ou decisões jurídicas, bem como a escolha de políticas públicas.

Essa maneira de entender a pesquisa jurídica e respectivo método não é consensual, mas polêmica. Isso é assim porque a longa tradição da dogmática jurídica e as influências do racionalismo e do jusnaturalismo iluminista que modelaram a sua feição moderna[34] acabaram por imprimir-lhe o caráter de tecnologia a serviço da decidibilidade de conflitos[35]. Nessas condições, é corrente a ideia de que o saber jurídico é um saber sobre os dogmas do direito, um saber que tem por objeto o direito formalizado e integrante de grandes ordenamentos positivados. Mas, caso se admita que o saber jurídico pode se aventurar a ultrapassar os limites da dogmática jurídica, caberá ao direito ciência pensar e repensar as condições de aplicabilidade das normas. Essa reflexão permanente se traduz em opiniões e argumentos a respeito da elaboração, interpretação e aplicação dos ordenamentos jurídicos. Daí vem a importância da teoria e a sua íntima vinculação com a prática do direito.

33. Tércio Sampaio Ferraz Jr., ob. cit., 2003, p. 83.

34. O racionalismo do tipo cartesiano incorporou-se ao pensamento jurídico ensejando a ênfase na correção do raciocínio a partir de técnicas procedimentais rigorosas. Por sua vez, o jusnaturalismo iluminista constitui-se em força de sistematização visando a positivação de princípios morais postos pela natureza.

35. Ver a esse respeito Ferraz Jr., ob. cit, 2003, cap. 3.

Há quem diga que a teorização na área do direito pouco ou nada tem que ver com as construções teóricas originadas da pesquisa em ciências sociais. Sim e não. Sim, no sentido de que uma teoria jurídica quando entendida como parte da ciência jurídica mais ampla é diferente de uma opinião fechada. É, antes, uma tese aberta, uma proposta de compreensão de determinado tema. Nesse sentido, a teoria jurídica não difere de uma teoria no campo das ciências sociais[36]. Expressa-se como descrição e compreensão de um fenômeno social no sentido de propor uma regulamentação legislativa ou descreve e compreende uma construção técnico-jurídica para fazer uma análise crítica e sugerir a sua alteração ou substituição. A resposta é negativa, contudo, na medida em que uma teoria jurídica não é manifestação apenas da razão especulativa, tem que ver com a razão prática. Isso significa que está voltada para auxiliar ou mesmo fundamentar o outro tipo de pesquisa – a jurídico-operacional – cuja intenção é eminentemente prática, ou seja, resolver problemas jurídicos concretos através da defesa de uma tese, esta sim, fechada, cujo propósito é persuadir aqueles que devem optar por um critério de decisão.

Não obstante admitir-se que a dogmática jurídica deve continuar a ser o que é, ainda assim, vale distingui-la da ciência do direito ou saber jurídico mais amplo. Qual a importância dessa distinção? Dir-se-ia que a própria sobrevivência da dogmática jurídica no século XXI está condicionada a uma crítica dos seus pressupostos no sentido de permitir, dentro de limites ainda desconhecidos, uma adaptação às novas condições da sociedade contemporânea. Tal como ainda é praticada hoje: dogmática do direito como lugar do saber sobre normas repressivas e argumentos persuasivos voltados para a interpretação/aplicação das normas segundo técnicas tradicionais apenas, corre o risco de parecer desenfocada, tal como lentes superadas que já não se prestam para visualizar os fatos como se apresentam hoje, quando o Estado e o mercado se alteraram em face de mudanças significativas ocorridas nas áreas dos negócios, da comunicação, da globalização dos interesses econômicos etc.

36. Zetética jurídica é a expressão utilizada por Tércio Sampaio Ferraz Jr. para designar a atividade de pesquisa na área do direito. Ver ob. cit., p. 44 e s.

Nessas condições, o saber jurídico mais amplo – aquele que pode ser chamado de ciência jurídica – é o lugar da realização de análises críticas a respeito de aspectos dos fenômenos sociojurídicos. Cabe à pesquisa jurídico-científica, de acordo com o método cujo perfil vimos tentando traçar, levantar questões pertinentes ao papel do direito na sociedade em transformação. Importa saber qual a função do direito em face de alterações que deixam perplexos alguns teóricos e práticos do direito ou quase indiferentes outros, conforme a maior ou menor sensibilidade destes para perceber que o direito é um conhecimento que precisa acompanhar a vida social e não o contrário. Esse modelo de pesquisa supõe a disposição do pesquisador para descrever, analisar, explicar e compreender até que ponto o direito dito institucionalizado ou positivado ainda serve, até que ponto precisa ser reformado, em que novas bases teóricas e novas regulamentações pode ser proposto e que novos modos de interpretar regras e princípios se ajustam aos fatos emergentes.

Essa modalidade de pesquisa jurídica, que aqui vimos denominando jurídico-científica, não só é possível como necessária. É possível, como faz sentido, na medida em que propõe entender a ciência do direito como ciência social e humana, às voltas com assuntos que envolvem a vida das pessoas. Entretanto, a pesquisa jurídico-científica de acordo com o método sociojurídico-crítico não pode perder de vista a especificidade da ciência jurídica. Para que essa perspectiva não se perca é preciso que o pesquisador mantenha um pé nos objetivos científicos e outro nas exigências da prática. Quer dizer, as conclusões da pesquisa científico-jurídica serão relevantes na medida em que, como já foi dito e redito, oferecerem suporte às atividades típicas dos operadores do direito, atividades que dizem respeito ao encaminhamento judicial ou não judicial de demandas visando a solução de controvérsias.

A intenção aqui é deixar claro que o método sugerido se presta tanto para uma atividade como para outra: pesquisa com a finalidade de produzir conhecimento jurídico e pesquisa com a finalidade de solucionar conflitos jurídicos entre partes e convencer de que a solução proposta é a melhor.

3

PARTE III

Como realizar a pesquisa jurídico-científica

1.1. Construção do objeto da pesquisa jurídico-científica

1.1.1. Realidade social e realidade jurídica

Há duas ideias correntes na literatura jurídica que precisam ser bem entendidas quando se trata de identificar a realidade jurídica. Uma delas atribui ao direito o caráter de fato social: *o direito é fato social.* A outra consiste em afirmar que o direito *tem fundamento nos fatos sociais.*

A primeira assertiva é de ordem sociológica. O olhar sociológico vislumbra o direito como um dos tantos fatos socioculturais. O fato social *direito* surge lentamente como produto da exigência de controle das relações humanas para garantia da sobrevivência da sociedade[1]. Nesse sentido, o direito pode ser definido como sistema de normas ou ordenamento jurídico, entendido este não como forma puramente racional, mas como força espontânea, emergente de fatores sociais disseminados, que se congregam em determinado momento para sugerir ou mesmo impor modos de controle social. Para efeito de corroborar essa assertiva, os autores argumentam com a diversidade e a variedade dos sistemas normativos em diferentes momentos históricos e em diversos contextos culturais. As pesquisas históricas provam que as formas jurídicas correspondem a condicionamentos sociais, daí o significado da afirmação *o direito é fato social.*

1. O direito "é o instrumento institucionalizado de maior importância para o controle social", Miranda Rosa, *Sociologia do direito: o fenômeno jurídico como fato social* (1970). Rio de Janeiro: Zahar Editores, p. 47.

A segunda afirmação, o *direito tem fundamento nos fatos sociais*, não é necessariamente de corte sociológico. Muitos autores incluídos no rol dos dogmático-jurídicos, que não definem o direito como fenômeno social, aceitam, não obstante, os vínculos entre normas e realidade social[2]. Contudo, na perspectiva da ciência dogmática do direito, constitui erro confundir fato social com fato jurídico. Quando o direito realiza a leitura de determinado fato social, com o objetivo de regulamentá-lo através de uma lei, por exemplo, diz-se que a partir de um fato social criou-se um fato jurídico. Isso significa que os fatos sociais não adentram o campo do direito na condição de fatos "brutos", mas antes passam pelo crivo de categorias teóricas do direito de modo a se apresentarem revestidos das "roupagens jurídicas". Assim, digamos, o que culturalmente se entende por *acordo de vontades*, quando acrescido dos requisitos da teoria contratual, se transforma em *contrato*, ou nas várias figuras contratuais que a lei disciplina. Portanto, a *realidade jurídica* não coincide em tudo e por tudo com a realidade social, mas é a realidade social elaborada para efeito de se alcançarem as finalidades do direito em determinado tempo e espaço. Assim é que o casamento, a infância e adolescência, o crime, a culpa são categorias jurídicas que estão, obviamente, pautadas pelo que ocorre na realidade social, mas definidas juridicamente, de modo a evitar, na medida do possível, as dúvidas e incertezas que acometem os fatos humanos e sociais. Daí certos recursos técnicos, como critérios quantitativos, que delimitam a realidade jurídica tornando-a típica. Usa-se a expressão *tipos jurídicos* para designar tanto os fatos jurídicos delituosos como os atos e fatos jurídicos lícitos, acentuando-se o aspecto de construção que marca a realidade do direito[3].

---

2. Autores contemporâneos como Norberto Bobbio, jurista que pertence aos quadros da Escola Analítica Italiana, não descarta em suas análises sobre os mais relevantes temas da Teoria do Direito as indagações de cunho sociológico, político ou econômico, ver *Teoria do ordenamento jurídico* (1989). São Paulo: Editora Polis. Brasília: Editora da UNB.
3. Segundo o jurista argentino Carlos Cossio, o objeto do direito é a conduta humana, mas tal conduta só pode ser conhecida juridicamente mediante normas. Em outras palavras, diante de fatos do comportamento, só será possível identificá-los como jurídicos desde que confrontados com a(s) norma(s) que o regulam. Ver Cossio, *Teoria egológica del derecho y el concepto jurídico de libertad* (1964). 2. ed. Buenos Aires: Abeledo-Perrot, p. 658 e s.

1.1.2. A problematização da realidade

Já foi dito acima que toda pesquisa tem como ponto de partida uma problematização, quer dizer, uma indagação que o pesquisador se faz, fundado em observações que os fatos cotidianos lhe proporcionam. No campo das ciências sociais, os problemas enunciados pelos estudiosos são captados nas relações sociais as mais diversas. As relações sociais que servem de referência aos pesquisadores de diferentes áreas de conhecimento podem ser as mesmas, entretanto os enfoques a que são submetidas diferem, dependendo dos aspectos do mesmo objeto que interessa a cada campo de análise. Por exemplo, as relações entre pais e filhos interessam de formas diferentes aos sociólogos, aos psicólogos e aos juristas.

No que diz respeito à pesquisa no campo do direito, é preciso descer a mais detalhes para se determinar o que significa problematizar a realidade. Levando-se em consideração a distinção feita no item acima, vale, desde logo, indagar: de que realidade se trata quando se pretende problematizar o real? Trata-se da realidade social (conjunto de relações) ou da realidade jurídica (construções da doutrina, normas)? Das relações sociais na sua naturalidade, ou das relações sociais construídas pelo pensamento jurídico?

O jurista pesquisador, atento ao que ocorre a sua volta, será alertado, em primeiro lugar, pelo que ocorre no cotidiano das relações sociais, quer dizer, para o que as *práticas sociais* indicam. Sendo assim, é possível dizer que a fonte da problematização se encontra, antes de mais nada, na vida mesma, no que comumente se chama de realidade social. As práticas ou relações sociais consideradas satisfatoriamente reguladas pelo sistema jurídico normativo vigente e explicadas pela teoria do direito, em princípio, não apresentam caráter problemático, pelo contrário, são situações controladas juridicamente. Porém, do momento em que cresce o número de conflitos relativamente a situações concretas, ou surgem, com frequência, práticas sociais alheias à regulamentação das normas do direito do Estado, ou mesmo concorrendo com estas, então o observador atento vai detectar aí inadequações entre fatos e normas, entre realidade social e realidade jurídica. A partir das inadequações ou mesmo contradições – verdadeiras ou imaginárias – o pesquisador explicita o problema para torná-lo objeto da sua investigação[4].

A problematização da realidade social, todavia, implica a problematização do direito institucionalizado – realidade jurídica. As contradições se explicitam na doutrina, mas de modo mais visível nas decisões dos tribunais, onde pontos de vista diferentes ficam explicitados[5]. A especificidade da pesquisa jurídica que pretende ser interdisciplinar e crítica está em que o pesquisador, além de procurar os motivos das disparidades e controvérsias a respeito dos institutos jurídicos nos níveis social e político, confronta o que observa com o direito instituído. A partir desse paralelo, problematiza – em um segundo momento – também o nível jurídico, quer dizer, a doutrina jurídica no que tange as instituições, definições, categorias teóricas, bem como normas (leis, jurisprudência) que integram um determinado ordenamento jurídico.

A pesquisa jurídico-científica, portanto, que trabalha com dados empíricos, quer dizer, de realidade, passa de um plano para outro – do social, do político, do econômico para o jurídico – com a intenção de verificar em que medida o que se institucionalizou juridicamente ainda corresponde ao que a sociedade espera. Essa dinâmica produzida pela pesquisa mantém o pensamento jurídico sintonizado com os planos do social, facilita conclusões pertinentes e propostas adequadas relativas a alterações na lei e na jurisprudência, além do que enriquece a crítica teórica[6].

---

4. A aplicação de programa de colonização e reforma agrária no município de Cachoeiras de Macacu, Estado do Rio de Janeiro, em inícios dos anos 1980, com o objetivo de contornar frequentes conflitos de terra, alertou para a oportunidade de investigação jurídico-científica a respeito do uso, posse e propriedade da terra agrária naquele município. As práticas relativas à propriedade da terra agrária foram confrontadas com a regulamentação específica – Estatuto da Terra – e com o instituto da propriedade privada. Ver Maria Guadalupe Piragibe da Fonseca e outros em *Teoria jurídica e práticas agrárias:* o conflito no campo (1994). Rio de Janeiro: Ideia Jurídica.
5. O Supremo Tribunal Federal nos últimos tempos tem manifestado divergências importantes relativamente a instância judicial inferior, quando não entre os próprios membro integrantes da corte. Por exemplo, com relação ao conceito de *direito adquirido*, na decisão sobre a obrigatoriedade da contribuição para a previdência social, relativamente aos funcionários públicos aposentados. Com relação ao conceito de *proteção ao nascituro*, quando da decisão sobre a impossibilidade de aborto de feto anencefálico.
6. A coletânea de estudos a respeito do tema do *consumidor superendividado* é um exemplo de investigação que atravessa planos sociais diferentes para questionar, de acordo com o Código de Defesa do Consumidor, os critérios do empréstimo com consignação da dívida. *Direitos do consumidor endividado:* superendividamento e crédito. Claudia Lima Marques e Rosângela Lunardelli Cavallazzi (coord.) (2006). São Paulo: Editora Revista dos Tribunais.

1.1.3. A escolha do tema

Os temas da pesquisa jurídico-científica são, em princípio, inesgotáveis. Não obstante, para quem se inicia na pesquisa nem sempre é fácil identificar um tema relevante. Por esse motivo, convém considerar alguns requisitos que devem estar presentes no momento da escolha do objeto da pesquisa. Antes de mais nada, o tema precisa corresponder a um real interesse do pesquisador. Esse interesse supõe uma empatia com o setor do direito que inclui o tema que deseja aprofundar. Mas não apenas isso, supõe, também, algum conhecimento do contexto onde o tema está inserido. Diz-se que quando alguém faz uma pergunta, nela já se contém algo da reposta. Por quê? Raramente o interesse em perguntar surge por mero acaso, sem motivo, comumente é o contrário que acontece, algo despertou o interesse: uma leitura, um fato observado, uma vivência, a curiosidade especial por determinado ramo do conhecimento jurídico (o direito penal, por exemplo, a primeira preferência de grande parte dos estudantes de direito). Essas motivações levam o pesquisador a buscar mais informações sobre o assunto, nos livros, nos jornais, nas conversas, nos filmes. Isso faz com que a pergunta que levanta em torno do tema da sua escolha contenha algo da resposta.

O segundo requisito de uma escolha lúcida é a importância social do tema. Não basta o julgamento pessoal do pesquisador a respeito da relevância do assunto, nem apenas a sua particular inclinação para abordá-lo, convém que a escolha recaia sobre tema que possua "apelo", quer dizer, que corresponda a reivindicações, a demandas sociais, fácil de detectar nas notícias de jornais, nas cartas de leitores aos jornais e revistas, nos debates e entrevistas, nos seminários e outros eventos. Não se trata de perseguir modismos, trata-se de outra coisa: a opinião pública é um sinal seguro das insatisfações das pessoas relativamente à regulamentação das relações sociais, à prestação de serviços públicos, à cobrança de impostos, à segurança nos logradouros públicos, aos transportes coletivos. A opinião pública se manifesta com relação a assuntos como biogenética, comunicação, meio ambiente, direitos autorias e tantos outros assuntos que, embora técnicos, dizem respeito a problemas que afetam o dia a dia das relações sociais. A partir desses sinais torna-se mais fácil eleger uma questão cuja pesquisa poderá levar a conclusões oportunas no sentido da proposta de elaboração de projeto de lei, de proposta de políticas públicas, de sugestão inovadora no campo da interpretação do direito vigente, de tese de revisão em algum setor da teoria jurídica capaz de ajudar a entender melhor dimensões obscuras ou polêmicas das leis.

1.1.4. Delimitação do universo da pesquisa

Os temas, logo que escolhidos, têm comumente grande amplitude: criança e adolescente, criminalidade, contratos de risco, responsabilidade civil, pluralismo jurídico, acesso à justiça e tantos outros. Os temas são, inicialmente, largos e vagos. Por esse motivo, para estabelecer com clareza o objeto da pesquisa, torna-se necessário delimitar, no interior do tema, um especial aspecto. Tomando como referência o tema da criança e do adolescente, suponhamos a delimitação do universo da pesquisa ao estudo de parte de legislação vigente para determinar as suas consequências no caso dos menores órfãos. Se o tema for a responsabilidade civil, um aspecto de interesse público diz respeito à responsabilidade da empresa na preservação do meio ambiente. Quase sempre uma boa opção é o estudo do "caso referência"[7].

A delimitação do universo está referida à objetivação do assunto da pesquisa. Quanto mais bem determinado ou objetivado o universo da pesquisa, tanto maior a garantia de se levantarem corretas e pertinentes hipóteses de trabalho. A pesquisa pode abranger universos maiores ou menores. A delimitação vai estar condicionada a fatores diversos, tais como os recursos com os quais o pesquisador conta, inclusive recursos financeiros, o tempo de que dispõe para executar o projeto, a facilidade maior ou menor de acesso aos dados. O tamanho do universo não interfere no valor da pesquisa. Pelo contrário, há vantagens na delimitação de um universo pequeno, uma delas é a possibilidade de o pesquisador imprimir maior profundidade ao seu estudo.

7. A expressão "caso referência" foi usada pela primeira vez por Rosângela Cavallazzi na sua tese de doutoramento. É diferente de estudo de caso. Consiste em selecionar uma situação que funcione como base fática para a pesquisa teórica que se quer desenvolver. A descrição dos elementos do exemplo referência acompanham passo a passo a evolução do trabalho no sentido da comprovação da hipótese. Ver *A plasticidade na teoria contratual* (tese de doutoramento) (1993). Rio de Janeiro: UFRJ.

Contudo, é preciso atenção para não cair na armadilha de generalizar as conclusões além do que o universo pesquisado permite. Se, por exemplo, a pesquisa tematiza a análise das decisões judiciais de determinado tribunal estadual, no Brasil, não seria pertinente estender as conclusões de forma a abranger a jurisprudência dos tribunais em âmbito nacional. A importância das pesquisas em universos reduzidos está em sinalizar tendências, o que permite, ao mesmo pesquisador, ou a outros, repetir o método adotado na primeira pesquisa para futuros projetos, objetivando universos similares.

O recorte do universo a ser pesquisado vai delimitar, consequentemente, as fontes da pesquisa, como, bibliografia, documentos, coleta de dados empíricos a serem recolhidos por entrevistas abertas e aplicação de questionário.

1.2. Construção do projeto de pesquisa jurídico-científica

Não há um único modelo de projeto de pesquisa científica, pelo contrário, o pesquisador, após escolher o seu tema, delimitar o universo da pesquisa e definir com clareza os objetivos a serem alcançados, está apto a produzir um projeto definindo as etapas do seu trabalho.

Chama-se *projeto de pesquisa* o texto que o pesquisador redige, previamente ao desenvolvimento do estudo, descrevendo o trabalho que pretende realizar. O projeto é uma espécie de carta de intenções, na qual o pesquisador promete realizar um estudo de acordo com critérios que ele mesmo define. Embora a redação do projeto seja livre, alguns elementos hão de estar necessariamente incluídos de sorte a tornar inequívocos e inteligíveis os objetivos do pesquisador. Nesse sentido, um projeto de pesquisa pode ser apresentado de acordo com os seguintes itens: *justificativa ou relevância do tema; objetivos; hipótese(s) de trabalho; metodologia; moldura teórica; etapas ou cronograma de atividades; bibliografia consultada.*

a) Na *justificativa* o pesquisador explicita as razões que o levaram a escolher o tema e a delimitar o universo do seu trabalho. Essas razões se prendem, comumente à relevância do assunto para o momento, tanto do ponto de vista teórico como sob o enfoque prático. Considere-se que as conclusões de uma pesquisa jurídica devem estar endereçadas para a vida, para a realidade das relações sociais. Mesmo que se trate, em determinado projeto de pesquisa, de questionar pontos da teoria jurídica, o objetivo pode não ser meramente especulativo, mas pode apresentar um viés prático inequívoco. Isso acontece, por exemplo, quando a pesquisa é feita no campo da filosofia do direito. As altas indagações filosóficas, como as relativas à origem da obrigatoriedade do direito, aos fundamentos do direito e do Estado, aos problemas valorativos referidos à justiça, à ordem e à segurança nas relações sociais, à finalidade da sanção jurídica e tantas outras de importância inquestionável via de regra constituem objeto de pesquisa analítica pura[8]. Contudo, essas mesmas indagações também apareceram vinculadas com os interesses concretos do cotidiano da vida social. É nesse sentido que se diz ser o direito uma ciência pragmática, quer dizer, embora afeita a indagações teóricas de profundidade, não pode perder o rumo da aplicação prática do conhecimento que é produzido. Resumindo: na justificativa, apresenta-se o assunto, introduzindo-se o leitor na questão a ser tratada, de modo a motivar a sua compreensão e consequente concordância com o valor da pesquisa.

b) Convém que os *objetivos* da pesquisa fiquem destacados em um item especial. Esse formato de projeto ajuda o leitor (muitas vezes um consultor para efeito de concessão de auxílio financeiro à pesquisa, ou mais correntemente os membros de banca de monografia, dissertação e tese) a discernir as metas a que o pesquisador se propõe. O objetivo diz respeito à *finalidade* que se quer alcançar. Quanto melhor definidos os objetivos, tanto maior a facilidade em elaborar as hipóteses, em distribuir as atividades e escolher o método de coleta de dados e desenvolver o trabalho. Há quem distinga *objetivo geral* de *objetivos específicos*. Suponhamos que o pesquisador proponha como objetivo geral da sua pesquisa traçar o perfil dos Juizados Especiais e avaliar a sua eficácia desde a implantação, nos anos 1980. A partir desse propósito geral pode o pesquisador estabelecer alguns objetivos específicos, tais como confrontar a atuação de dois ou mais Juizados Especiais; analisar a atuação dos mediadores; verificar a eficácia prática dos acordos, a rapidez das soluções, acompanhando

8. Ver Tércio Sampaio Ferraz Jr. (2003) em ob. cit., p. 46 a classificação da zetética jurídica onde está mencionada a "zetética analítica pura".

alguns casos escolhidos. O importante é que os objetivos específicos não extrapolem o alcance do objetivo geral, mas sirvam para explicitá-lo e realizá-lo.

c) A *hipótese* de pesquisa é a indagação, ou a suposição da qual o pesquisador parte. Tem como referência direta a problematização da realidade que pretende acessar. A expressão *hipótese* designa uma ilação que se supõe provável. Trata-se de uma afirmação, que por não ter sido ainda confirmada, é provisória, mas que se tornará definitiva se demonstrada, ou melhor, mostrada. Suponhamos que o tema escolhido seja o estudo do fenômeno da criminalidade no Estado do Rio de Janeiro. Uma hipótese a partir dessa problemática seria a suposição de que além da precária aplicação das leis nos casos penais, existem fatores outros que interferem no aumento da criminalidade, como a urbanização excludente da cidade. Uma hipótese defensável é fundamental para o bom desenvolvimento do projeto de pesquisa. Não importa se ao final do trabalho a suposição não ficar confirmada. Mesmo assim, o trabalho de pesquisa continua válido, no sentido de ter possivelmente aberto caminhos insuspeitados anteriormente[9].

Alguns cuidados devem ser tomados ao se estabelecer uma ou mais hipóteses de trabalho. Em primeiro lugar, cuidar para não assumir como suposição algo já conhecido e confirmado[10], como, por exemplo, supor, sem maiores detalhes, que o aumento da criminalidade se deve à impunidade. Essa é uma afirmação que se tornou trivial em virtude da recorrência da ilação entre criminalidade e impunidade, comentada em "prosa e verso", em várias áreas do conhecimento social, além do direito, como a sociologia, a psicologia social a ciência política. É preciso fugir de afirmações corriqueiras e exercitar a criatividade. Mas, a criatividade não é tão espontânea assim, não é um dom totalmente gratuito, daí o segundo cuidado que é preciso tomar: conhecer algo do tema que se escolheu pesquisar. Isto significa que o pesquisador deve ter lido ou

9. A pesquisa sobre os juízes descrita em *Juízes:* retrato em preto e branco (1996), Eliane Junqueira, José Ribas Vieira e Maria Guadalupe Piragibe da Fonseca, ob. cit., partiu da suposição, não confirmada, de que os juízes admitidos no Estado do Rio de Janeiro entre 1989 e 1993 teriam perfil mais democrático.

10. "O estudo deve dizer do objeto algo que ainda não foi dito ou rever sob uma ótica diferente o que já se disse" Umberto Eco (2001), 16. ed. *Como se faz uma tese*. São Paulo: Perspectiva, p. 22.

ouvido sobre o assunto e deve estar ciente, mesmo que não completamente, dos estudos já realizados sobre o tema por outros pesquisadores, sob enfoques diversos. Isso deve ser feito sem esquecer o conselho de Piaget, acima citado, a respeito de como fazer leituras de modo a não castrar a criatividade. A terceira recomendação, de certa forma já mencionada nos itens acima, consiste em saber olhar à volta e saber detectar problemas onde, como diz Pierre Bourdieu, "havia coisas simples", quer dizer, coisas aceitas sem questionamentos. Construir hipóteses a partir de realidade normalmente considerada pacificada, estabelecer vínculos entre fatos normalmente não relacionados. A criatividade pede certa dose de audácia, mas não de temeridade. Entre uma situação e outra a linha é tênue, portanto, interfere aqui com o bom senso e a experiência do pesquisador, ou principalmente do orientador da pesquisa.

d) Qualquer que seja o objeto da pesquisa e a metodologia adotada, é indispensável que o pesquisador componha, desde a propositura do projeto, um *quadro teórico* integrado por conceitos, definições ou categorias, de uma ou mais áreas do conhecimento, de forma a dar respaldo científico ao desenvolvimento do trabalho e consistência às conclusões.[11] A pesquisa científica tem de guardar coerência com o conjunto da teoria existente, no sentido de que há um caráter de sistema em toda construção teórica (Goldenberg, 2000: 79). Dito de outro modo, cada investida no campo da ciência representa alguns passos a mais de um longo percurso, cujo processo anterior não pode ser ignorado. Caso todos os eixos teóricos anteriormente lançados venham a ser desprezados, então corre-se o risco de se estar substituindo a ciência pela mera intuição, ironicamente chamada de "achismo". Suponhamos uma pesquisa sobre formas novas de acordos de vontade não enquadrados claramente nas figuras contratuais existentes na teoria civilística e na lei. Uma pesquisa que se dispusesse a analisar tais acordos precisaria partir da teoria contratual consagrada na dogmática jurídica, mesmo que seja para dela discordar ou tentar adaptá-la às circunstâncias tidas como novas. Sempre é possível, também, buscar em outros setores da teoria jurídica, ou mesmo em outra ciência social,

11. "Uma pesquisa não é científica se não se conduzir mediante fórmulas e diagramas", Umberto Eco (2001) ob. cit., p. 21.

recursos conceituais em base dos quais o pesquisador fará suas propostas de compreensão do fenômeno que considera novo.

A exigência de *moldura teórica* como elemento de todo e qualquer projeto de pesquisa não significa que se esteja amarrado e condicionado indefectivelmente às teorias existentes e aos pontos de vista já expendidos. Não se trata disso, pois se assim fosse a ciência estagnaria. Trata-se, sim, de garantir a credibilidade da pesquisa, proporcionando às conclusões do trabalho um lugar no conjunto sistematizado de contribuições em determinado setor do conhecimento científico[12].

e) O projeto não estaria completo sem a explicitação do *método* a ser adotado tendo em vista demonstrar a hipótese da pesquisa. O método, como se disse acima, é o instrumento que torna possível o estudo. Esse instrumento não é único, mas varia conforme a concepção de realidade que se tenha (linhas metodológicas); varia, também, quanto às técnicas de pesquisa, conforme a natureza do objeto da pesquisa. A concepção de realidade determinará a escolha da metodologia: estruturalista, positivista, dialética etc. O que interessa, sobretudo, é que o caminho escolhido seja o mais adequado para chegar aos resultados previstos. Há diferenças consideráveis – que se refletem sobre o método – por exemplo, entre uma *pesquisa documental* e uma *pesquisa empírica*. Na primeira, o método adequado inclui a consulta aos arquivos, a seleção dos documentos que interessam, a catalogação dos documentos encontrados, de acordo com critérios em sintonia com os objetivos da pesquisa e a análise dessa documentação, complementada, se for o caso, com outras técnicas metodológicas, como as entrevistas, por exemplo. No segundo estilo de pesquisa – pesquisa empírica – o método adequado inclui a coleta de dados reais ou empíricos, tais como práticas sociais e jurídicas, comportamentos isolados ou de grupo. Muito corrente na pesquisa sociológica, a pesquisa empírica torna-se, hoje, um pouco mais conhecida e praticada no campo do direito, como desde o início vem sendo destacado. Os projetos de pesquisa empírica utilizam técnicas de coleta de dados reais (fatos), através do questionário, da entrevista,

12. "Definir o objeto (como científico) significa então definir as condições sob as quais podemos falar, com base em certas regras que estabelecemos ou que outros estabeleceram antes de nós", Umberto Eco (2001), ob. cit., p. 21.

da história de vida, da observação participante. Os dados após reunidos devem ser, posteriormente, organizados em tabelas e, por fim, analisados.

f) As *etapas* ou *fases* da pesquisa devem constar de um *cronograma*, de sorte a distribuir as atividades pelo tempo de que o pesquisador dispõe para a realização do trabalho. O cronograma de atividades é uma espécie de previsão e organização do tempo que o pesquisador imagina que gastará com a pesquisa. Esse tempo pode, em certa medida, ser alterado conforme o andar dos trabalhos. É possível que uma pesquisa, programada para ser implementada em um ano seja estendida por mais tempo, dadas as dificuldades encontradas pelo pesquisador em alguma das fases de desenvolvimento das atividades. É possível, e por vezes até mesmo necessária, a dilação do tempo quando o motivo é justificável. O cronograma abrange desde o levantamento e fichamento da bibliografia até a redação do relatório final. Com a experiência, o pesquisador vai aprendendo a calcular o tempo para cada etapa.

g) Por fim, do projeto deverá constar a *bibliografia consultada*. Trata-se de uma bibliografia prévia que inclui todos os textos lidos – livros, artigos de revistas, jornais etc. – para chegar à concepção do projeto. Não é este o momento de mencionar uma longa bibliografia, pois o que interessa é mostrar quais elementos motivaram a escolha do tema e da moldura teórica; que informações propiciaram a construção das hipóteses de trabalho. A bibliografia necessária ao desenvolvimento da pesquisa terá o seu levantamento previsto no cronograma de atividades.

1.3. Implementação do projeto de pesquisa jurídico-científica

1.3.1. Equipe de trabalho

A pesquisa pode ser feita *individualmente* ou em *equipe*. É provável que as pesquisas mais interessantes quanto aos resultados sejam aquelas realizadas em equipe, pois, o intercâmbio entre os participantes, as diferentes percepções dos fatos, as diferentes interpretações das leituras dos textos e da realidade são fatores propícios a promover maior riqueza de pontos de vista que, por sua vez, se refletem na análise dos dados. Contudo, a pesquisa em equipe precisa ser bem coordenada para que os membros do grupo consigam uma interação suficiente tendo em vista os objetivos do trabalho. Sendo assim, são necessários os seguintes requisitos para que o grupo permaneça coeso: a) reuniões periódicas, semanais ou quinzenais, nas quais são discutidos textos lidos, e são prestadas contas de atividades realizadas; b) distribuição das atividades pelos membros do grupo de acordo, quanto possível, com as características de cada um (mais reflexivo, mais dinâmico, mais extrovertido, mais concentrado etc.); c) traçar, antes do início da pesquisa, alguns pontos comuns norteadores do comportamento dos membros da equipe; pontos comuns tanto teóricos como práticos.

As reuniões periódicas são importantes por vários motivos. Em primeiro lugar porque é um meio de manter sob controle o ritmo do trabalho, de modo a cumprir o cronograma. Em segundo lugar, porque promove o entrosamento dos membros da equipe, amadurecendo o tom dos debates e a troca de ideias. Quando o grupo é de alunos, coordenado por docente, o estilo coletivo de pesquisa constitui-se em estratégia didática de qualidade, pois incentiva a reflexão e favorece uma postura de tolerância intelectual indispensável ao trabalho científico.

Os membros do grupo, é óbvio, são diferentes, portanto, o coordenador precisa respeitar, em princípio, essas diferenças. Em qualquer etapa do trabalho cada um dos integrantes da equipe pode ser aproveitado de acordo com suas tendências e preferências. A percepção do coordenador quanto às diferenças que caracterizam os membros da equipe é benéfica, tanto para cada um individualmente como para o grupo como um todo. Esse é o modo ideal de fazer com que todos se sintam igualmente responsáveis pelos resultados da pesquisa.

Não obstante as diferenças mencionadas, *pontos comuns* devem ser aceitos por todos os membros do grupo. Que pontos são esses? Esses pontos dizem respeito a dois aspectos importantes para o êxito do trabalho: a) as "regras do jogo" b) a concepção teórica básica. As regras do jogo se referem à dinâmica de realização das atividades: horários, frequência, ordem nas discussões, equivalência na distribuição das atividades, cobrança dos resultados em cada etapa do trabalho, leitura obrigatória de textos e participação obrigatória de todos em fases como a de análise dos dados e redação do relatório. As regras do jogo devem ser postas, discutidas e aceitas por consenso, de antemão, para que todos as conheçam e possam nelas fundamentar o seu engajamento no trabalho.

A concepção teórica básica já está prevista no projeto, contudo, convém que seja explicitada de preferência logo na primeira reunião. Isso é importante para manter as discussões sobre as leituras centralizadas pelo eixo teórico escolhido. Como já foi dito acima, todo projeto de pesquisa menciona pelo menos uma determinada teoria, de um determinado autor, como moldura teórica básica. Daí, duas consequências derivam: a) não é possível mudar o direcionamento teórico na metade do caminho, a menos que se faça um adendo ao projeto, o que é algo complicado; b) seria incoerente direcionar as discussões de acordo com um eixo teórico totalmente diferente, a não ser quando se quer confrontar a tese escolhida com outra ou outras, assim mesmo, se essa tática for considerada útil ao trabalho pelo coordenador; c) na fase da coleta de dados não perder de vista a sustentação teórica básica para efeito das indagações a serem feitas, das classificações a serem produzidas. Na fase de análise dos dados levar em consideração rigorosamente o eixo teórico central, indispensável para se concluir a respeito da demonstração ou não da hipótese posta.

1.3.2. Leitura e fichamento de textos selecionados

Os textos a serem selecionados na primeira etapa da pesquisa servirão para aperfeiçoar a moldura teórica escolhida e para contextualizar o tema. Por esse motivo, a bibliografia nem sempre se reduz a textos estritamente jurídicos, mas pode incluir outros pertencentes a áreas circundantes – sociologia, ciência política, antropologia, psicologia – enfim, todos os que forem julgados interessantes no sentido da compreensão, a mais abrangente possível, do tema objeto da pesquisa. Em razão do tempo, é preciso determinar o que é mais importante e o que é menos. Há textos que levantam questões que valem discussões mais demoradas, até mesmo um seminário. Há outros que são fichados e expostos nas reuniões. Isso vale para qualquer texto, tanto livros como artigos de revistas, impressas ou eletrônicas, matérias divulgadas pelos jornais e pela via da Internet. O modo de fichar uma leitura é bastante pessoal, embora possa ser combinada pelo grupo uma forma padronizada. Os fichamentos devem ficar à disposição de todos os integrantes do grupo. O mesmo seja dito das cópias dos documentos porventura consultados em arquivos públicos ou particulares e anotações a partir da leitura do material.

1.3.3. Técnicas de coleta de dados empíricos

1.3.3.1. Confecção de questionário

É muito comum que a pesquisa do tipo empírica aplique questionário quando o universo de informantes é grande[13]. A confecção do questionário exige atenção, no sentido de direcionar, com precisão, as perguntas para a coleta de informações. Dito assim, parece simples, mas na prática há sempre algumas dificuldades a superar. Essas dificuldades são de dois tipos: a) dificuldades quanto ao *conteúdo* da informação desejada; b) dificuldades quanto à *forma* da pergunta.

O conteúdo da informação está determinado pela hipótese que se quer demonstrar ou pelo estudo que se desenvolve. Na pesquisa sobre os juízes a hipótese foi o maior compromisso com a democracia dos juízes admitidos no Estado do Rio de Janeiro, após 1988. Com esse objetivo construiu-se um questionário com perguntas direcionadas ora diretamente para obter as opiniões dos juízes sobre lei e justiça, ora indagações gerais a respeito dos modos entre eles mais correntes de inserção cultural (preferências por leitura, filmes, teatros, participação em associações etc.). Todas essas indagações foram precedidas de outras mais pessoais, sobre origem social, grau de escolaridade dos pais, grau de formação etc.

Quando uma determinada pergunta é inserida no questionário, já se pensou, antes, em como cruzar a resposta com outras obtidas através do mesmo questionário, de sorte que, ao final, se consiga armar um quadro que permita, em primeiro lugar, uma avaliação quantitativa do grau de acerto da suposição com a qual se trabalha. No caso da pesquisa sobre os juízes, tratava-se de avaliar o avanço da postura democrática do universo pesquisado de magistrados, relativamente aos magistrados mais antigos.

Para obter um conteúdo de resposta aproveitável é preciso que a pergunta seja bem redigida ou que as expressões sejam suficientemente

13. A pesquisa sobre os juízes aplicou questionário a 108 juízes do Estado do Rio de Janeiro. Ver *Juízes:* retrato em preto e branco (1997), ob. cit. A pesquisa sobre *Cultura jurídica e eficácia normativa* (1998) aplicou 700 questionários aos usuários da Defensoria Pública da cidade do Rio de Janeiro. Ver relatório no Centro de Pesquisa e Documentação da OAB/RJ. A pesquisa sobre o *Profissional do direito do ano 2000* aplicou questionário em 30 faculdades do Direito do Estado do Rio de Janeiro. Ver, dentre outros, o artigo O profissional no direito do ano 2000 em *O Direito do Terceiro Milênio* (2001) Horácio W. Rodrigues (org.). ob. cit.

claras para evitar dubiedades. As perguntas podem ser *fechadas* ou *abertas*. Tanto um formato como o outro exigem muito cuidado. No caso das perguntas fechadas o cuidado diz respeito às opções de resposta apresentadas no questionário. Há de se atentar para que as opções sejam verdadeiras. No caso das perguntas abertas é preciso atentar para a objetividade, de modo a, quanto possível, evitar respostas impertinentes, no sentido de extrapolarem o que se quer saber.

1.3.3.2. Aplicação do questionário

Dependendo do universo a ser acessado, a aplicação do questionário pode ser feita pelo pesquisador, de modo presencial, a cada pessoa, ou grupo de pessoas, pode também ser enviado pelo correio convencional ou pelo correio eletrônico, para ser devolvido em prazo estabelecido.

A aplicação pessoal é a mais garantida, pois o retorno é certo. A aplicação por outras vias fica na dependência da boa vontade do pesquisado em dar todas as respostas e devolvê-las a tempo ao pesquisador. No Brasil, a tradição de pesquisas empíricas dessa natureza é pequena, daí ser comum o percentual baixo de devolução do questionário respondido[14], salvo motivação especial dos entrevistados[15]. O importante é que o número de respostas satisfaça o que se considera o mínimo exigido tendo em vista garantir conclusões de valor científico[16].

1.3.3.3. Realização de entrevistas em profundidade ou abertas

Esse tipo de abordagem é bastante utilizado na área da sociologia, da história, da antropologia e muito proveitoso também na pesquisa sociojurídica. Consiste em contatar determinadas pessoas supostamente detentoras de informações específicas, ou conhecimento especializado a respeito do tema pesquisado. A entrevista aberta é sempre feita pessoalmente e, por vezes, gravada, caso o entrevistado não se oponha. As perguntas são feitas de antemão, com o fito de não perder tempo nem a oportunidade de

14. No caso da pesquisa sobre os juízes, para os 108 questionários enviados houve um retorno de 37, ou seja, pouco mais de 30% do universo recortado.
15. Caso de pesquisas encomendadas por associações, sindicatos e entidades assemelhadas, públicas ou privadas.
16. Esse mínimo varia entre 25% e 30% do total acessado.

coletar a maior quantidade possível de dados pertinentes para a pesquisa. Não obstante as perguntas essenciais já estarem programadas, o pesquisador deve ter a habilidade de aproveitar as sugestões contidas nas respostas do entrevistado para encaminhar perguntas por ele não inicialmente imaginadas. Embora bastante mais trabalhosa em termos da futura análise dos dados, as entrevistas abertas são mais consistentes, não só porque mais detalhadas como porque revelam, além das informações, algo da personalidade do informante, o que costuma ser um dado adicional importante para a pesquisa. Contudo, a interpretação desse tipo de dado apresenta algumas dificuldades, pois é preciso ler também nas "entrelinhas", abrindo espaço para a subjetividade do pesquisador. A entrevista aberta merece especial atenção, já que gera dados que não podem ser imediatamente quantificados e traduzidos objetivamente em percentuais.

É preciso, ainda, para o êxito da entrevista aberta, que o pesquisador que a aplica saiba ouvir, quer dizer, que não interrompa o entrevistado, salvo se a resposta se desviar completamente do objetivo. Essa, dentre outras habilidades do pesquisador, vem com a experiência.

1.3.3.4. Seminários

Pode ser muito proveitosa a promoção de seminários com especialistas no tema pesquisado no período de realização da pesquisa. As palestras e debates, quando bem programados e conduzidos, podem lançar luz sobre vários aspectos da questão objeto da pesquisa. Os seminários são recursos úteis, tanto quando se visa o aperfeiçoamento da moldura teórica do trabalho como para enriquecer o conhecimento a respeito da metodologia.

Nos seminários são estratégias eficazes para a troca de ideias entre os pesquisadores e os palestrantes convidados, especialistas na área onde o tema da pesquisa se coloca, ou em áreas afins. O seminário proporciona, portanto, um aprofundamento do campo de estudo dos pesquisadores e, ao mesmo tempo, a contextualização do tema por meio de discursos interdisciplinares, se for o caso. O conhecimento adquirido pela via do seminário tem, em princípio, valor equivalente ao conhecimento auferido na leitura da bibliografia, com a vantagem de proporcionar o diálogo entre pessoas envolvidas com interesses similares e empenhadas no busca de informações sobre o mesmo objeto.

1.3.3.5. Sistematização dos dados

Essa etapa da pesquisa pode ser realizada concomitantemente com a coleta dos dados, ou seja, na medida em que vão sendo levantados, são sistematizados. É mesmo aconselhável que seja assim, principalmente quando se trata de dados coletados nas entrevistas abertas e das informações obtidas nos seminários. A sistematização imediata garante a memória do momento.

Sistematizar significa organizar os diversos elementos em um conjunto, com suficiente coerência de sorte a permitir posteriormente a sua análise. Os dados quantificáveis, tais como aqueles obtidos nas entrevistas com perguntas fechadas, são normalmente sistematizados em *tabelas* e *quadros,* depois de estabelecidos os critérios de cruzamento das respostas e selecionados os cruzamentos mais confiáveis para efeito de provar a hipótese da pesquisa. A sistematização não é tudo na pesquisa, mas é fundamental. Sem organização os dados ficam soltos e ininteligíveis, correndo o riso de se transformarem em material amorfo e inservível.

A quantificação é uma fase indispensável da pesquisa sociojurídica que trabalha com dados reais. Sendo assim, a correta sistematização dos dados em pesquisas dessa natureza no campo do direito depende de assessorias especializadas, como a de estatístico, pois raramente o jurista possui competência para atuar em outras áreas de conhecimento. Os projetos interdisciplinares, reunindo pesquisadores do direito e da sociologia ou antropologia, são recomendáveis também por esse motivo.

1.3.3.6. Análise dos dados

A fase final da pesquisa propriamente dita é a da *análise* de todos os dados sistematizados. Analisar aqui significa interpretar o material coletado à luz das categorias teóricas e das teses de sustentação da pesquisa[17].

17. A pesquisa sobre a cultura jurídica trabalhou com a categoria de cultura como *rede de significados* do comportamento social de Clifford Geertz. As respostas dadas ao questionário aplicado revelaram, quando se fez a análise, que os valores jurídicos dos leigos em direito, inferidos a partir de problemas concretos que lhes foram submetidos, eram os mesmos adotados pelos

O pesquisador, ou equipe de pesquisadores, após reunir o material que julgou necessário e, tendo feito a sistematização dos mesmos, vai, a partir daí, tirar conclusões.

A fase da análise é a da comprovação – ou não – da ou das hipóteses de trabalho que serviram de norte à pesquisa. Nessa etapa os dados são apreciados qualitativamente. Isso se faz aplicando à parcela de realidade pesquisada as teorias de sustentação da pesquisa. Não bastam os dados, como não basta, tampouco, a descrição da realidade acessada. A pesquisa jurídico-científica se caracteriza pela interpretação da realidade para compreendê-la em seu significado mais amplo, mas sempre de acordo com os eixos teóricos escolhidos, sob pena de incoerência.

1.3.3.7. Relatório final da pesquisa

O relatório é uma prestação de contas relativamente ao que foi prometido no projeto de pesquisa. Representa, ao mesmo tempo, o fecho da investigação científica. O relatório final normalmente tem duas partes: uma *técnica* e outra *científica*, ou *de pesquisa* propriamente dita. No relatório técnico mencionam-se os passos do trabalho, as dificuldades porventura encontradas ao longo do trajeto, e as formas como foram superadas. O relatório científico é um texto explicativo da análise dos dados, a partir da qual as conclusões fazem sentido. O relatório científico explana as conclusões e explicita a comprovação ou não da hipótese.

O relatório de pesquisa não precisa obedecer a um único modelo. Pode ser redigido no formato de peça única, como pode também tomar a forma de conjunto de vários textos que abordam dimensões diferentes da pesquisa, cada qual desenvolvendo aspectos teóricos diversos, e realizando diferentes interpretações dos dados empíricos, mas todos convergindo para as mesmas conclusões. Esse último formato é comum em pesquisas realizadas em equipe.

profissionais do direito, mas aos quais os respondentes atribuíram sentidos não totalmente coincidentes com os sentidos tradicionais da lei e da teoria jurídica. Ver Maria Guadalupe Piragibe da Fonseca (2004). Cultura Jurídica e Eficácia Normativa em *Direito em Revista*: 20 anos de pesquisa. M. G. Piragibe da Fonseca e Rosângela Cavallazzi (org.). Rio de Janeiro: Letra Capital, Centro de Pesquisa e Documentação da OAB-RJ e Unigranrio

1.4. Construção da monografia jurídica

1.4.1. Características da monografia

Monografias são estudos sobre temas específicos e restritos. Trata-se de um gênero de trabalho científico, pois o seu conteúdo está comumente calcado nos resultados que o autor da monografia obteve com determinado trabalho de pesquisa. Na monografia o autor expõe pontos de vista teóricos dos doutrinadores de direito como também interpretações dos tribunais relacionadas ao tema desenvolvido. A explanação e a eventual crítica dessas ideias podem, ou não, ser complementadas com a análise de dados empíricos pertinentes ao assunto, quando a sua inclusão ajuda a melhor compreender o tema central. Assim, pois, a monografia pode ter um perfil puramente teórico, como pode incluir nas suas considerações elementos de observação da realidade. As monografias jurídicas mais interessantes, atualmente, são as que combinam a teoria com dados empíricos.

A primeira providência para quem se dispõe a elaborar uma monografia é delimitar, com clareza, a questão que quer abordar. A monografia é o contrário da "tese panorâmica", ou seja, um trabalho extremamente abrangente (Umberto Eco, 2001: 7). A monografia é trabalho que versa sobre um objeto recortado e selecionado do universo de uma determinada área do conhecimento. Temas como *O Direito Civil Moderno* é do tipo panorâmico, porque vai exigir uma análise muito ampla sobre todas as instituições do direito civil, incluindo o direito comparado. Ao contrário, temas como *A função social da propriedade agrária*; *Interpretação constitucional dos contratos*; *A incidência do contrato de "franchising" na sociedade contemporânea* são muito mais apropriados para uma monografia. Uma monografia pode ser bem mais informativa e elucidativa do que um tratado que o autor supõe completo, sobre uma vasta área do saber científico onde aquele especial recorte temático tratado na monografia ficou reduzido a alguns parágrafos. O interesse da monografia reside na possibilidade de aprofundamento do tema, capaz de revelar, quando bem conduzida, detalhes relevantes.

São características, portanto, da monografia:

a) O *recorte do tema*. Por exemplo, no interior do vasto capítulo sobre os contratos, no direito civil, escolher estudar o crescimento dos contratos de franquia no Brasil nos últimos 10 anos.

b) A *inserção* do tema no *pano de fundo*. Continuando com o tema da franquia, é preciso não esquecer, ao tratá-lo, da teoria contratual, um dos eixos do sistema jurídico moderno. Desse modo, se estará inserindo o tema e sua especial abordagem, no contexto a que pertence, prevenindo-se cortes radicais, que não só tiram o sentido do trabalho como podem levar a conclusões errôneas do ponto de vista teórico e inviáveis do ponto de vista prático[18].

c) A *abordagem original* do tema. Não se trata, aqui (mesmo porque este livro se destina a estudantes) de uma abordagem que pretende inventar algo genial, ou criar uma explicação inusitada ou ainda propor uma categoria científica nova. O sentido de originalidade aqui está referido à disposição do autor de não repetir simplesmente o que já foi dito por muitos. Isso pode ser conseguido se o autor acompanha o rastro de uma percepção própria sobre o assunto que despertou a sua atenção, tentando desenvolvê-lo à luz da teoria estabelecida. No caso, ainda, do contrato de *franquia*, suponhamos que o autor, sem deixar de lado toda a estrutura técnico-jurídica do instituto, enfatize as consequências da sua aplicação a partir de situações reais observadas. Seguindo esse caminho, talvez chegue a conclusões inovadoras, mas isso não é absolutamente necessário para a avaliação da originalidade da monografia. O que conta é a inspiração motivadora e a coerência da caminhada feita.

A monografia pode ser interdisciplinar? Certamente, mas aqui há que se tomar algumas precauções. Desde logo, é preciso identificar as abordagens interdisciplinares que se pretende fazer. Digamos que no tema da franquia o autor programe realizar além de um estudo jurídico, no sentido de caracterizar o tipo contratual específico, distinguindo-o de outros mais ou menos assemelhados, também, uma análise política das vantagens ou desvantagens do incremento desse tipo de contrato nas sociedades contemporâneas de economia globalizada. É claro que se trata, nessas condições, de um estudo mais rico e talvez mais original, embora um pouco mais trabalhoso. Na área do direito os estudos

18. "Uma coisa é usar um panorama como pano de fundo, e outra elaborar um quadro panorâmico", Umberto Eco (2001), ob. cit., p. 10.

interdisciplinares são de grande utilidade, pois abrem os temas jurídicos a críticas e avaliações com as quais as abordagens dogmáticas não contam.

1.4.2. Fases da elaboração da monografia

A elaboração da monografia, supõe sempre, uma prévia pesquisa, mais extensa ou menos extensa, conforme a inclinação do estudante para esse tipo de atividade. Já se disse acima que o ideal é que as monografias constituam o fecho de um trabalho de pesquisa realizado com rigor metódico e sob supervisão docente. Se essas condições – aliás, de certa forma previstas nos projetos acadêmicos – fossem de fato atendidas é bastante provável que as monografias apresentassem qualidade satisfatória. Contudo, estão em minoria nas faculdades de direito as monografias que resultam de desenvolvimento de verdadeiros projetos de pesquisa. Deveria ser bem maior o número de alunos bolsistas de Iniciação Científica, orientados por docentes pesquisadores. Entretanto, a realidade está longe do mínimo exigido para que as monografias de final de curso atinjam a finalidade que inspirou a sua inserção nos currículos jurídicos vigentes.

Mas a monografia jurídica pode resultar, também, de um trabalho menos pretensioso, de uma pesquisa apenas bibliográfica. Levantada a literatura jurídica sobre o assunto escolhido, o estudante fará um cotejo de opiniões, tecendo comentários e avançando alguma interpretação. Desse empreendimento pode resultar um bom trabalho, que privilegia a compilação, mas que não tem a ver propriamente com o resultado de uma verdadeira pesquisa[19].

As principais etapas da elaboração da monografia jurídica são: a) a *introdução* ao tema; b) o *desenvolvimento* do tema; c) as *conclusões*.

a) Na introdução, o autor *apresenta* o tema e *justifica* a escolha. A apresentação do tema é importante sob dois aspectos. Em primeiro lugar,

19. As Diretrizes Nacionais Curriculares para o Curso de Graduação em Direito (Resolução nº 09/2004 do CNE/CES/MEC) exigem um *trabalho de curso* que corresponde em todos os currículos de cursos de graduação em Direito a uma monografia. Na verdade, são pouquíssimos os alunos que tiveram chances reais, ao longo do seu curso, de realizar uma pesquisa orientada. A grande maioria das monografias são produto de levantamento bibliográfico, não correspondendo à ênfase na atividade de pesquisa encontrada já na Portaria 1.886/1994 do MEC e que continua presente na citada Resolução.

porque deve despertar a atenção de quem lê, no caso, do examinador, pois a apresentação da monografia é seguida da defesa oral perante uma banca. Todavia, o autor não deve descartar a possibilidade da sua monografia vir a ser lida por um público muito maior do que o pequeno grupo de professores que compõem a banca examinadora. Esse pensamento o estimulará a explicar e aprofundar o seu tema e a escrevê-lo de modo inteligível. Em segundo lugar, a introdução é o lugar onde devem aparecer bem *definidos* os conceitos usados no desenvolvimento do estudo; onde se *explicita* a hipótese da qual se parte e onde se *apresenta*, sumariamente, o *plano da monografia*.

A introdução inclui, ainda, a justificativa da escolha do tema. Esta deve mencionar a *atualidade do assunto* que vai ser tratado e a sua *importância teórica e prática*. O autor nunca deve dar por admitido pela maioria, se não por todos, que o tema é atual e relevante. Mesmo que isso corresponda à verdade, ou seja, que haja consenso em torno da importância do tema, as razões que levaram o autor a optar por aquele assunto, dentre outros igualmente relevantes e atuais, não são conhecidas de ninguém. Quando o autor justifica a escolha do tema, está revelando as razões pessoais que o moveram. Está revelando, ao optar por determinado assunto, um interesse que deriva do modo como entende a vida, a sociedade, as relações humanas. Esse especial modo de olhar e avaliar o tema é um elemento a mais, que pode acrescentar interesse à monografia.

b) O desenvolvimento do tema, para conseguir cativar o leitor, precisa obedecer a requisitos *lógicos* e a certas regras quanto à *forma*. A *lógica* do desenvolvimento da monografia tem que ver com a organização do raciocínio: os argumentos devem se suceder de maneira concatenada para serem convincentes. Espera-se, também, dos argumentos, que sejam concludentes, quer dizer, que levem naturalmente às conclusões apresentadas ao final. No que tange à *forma*, as ideias devem ser distribuídas em capítulos ou itens. A redação contínua, sem divisões, é cansativa para quem lê e mais complicada para quem escreve. Mas, por outro lado, a forma não deve ser um fator de inibição à liberdade do autor de escolher o modo que achar mais conveniente para distribuir as partes da sua monografia.

Como diz Umberto Eco, a pergunta *como se escreve* não tem resposta fácil, pois, "se houvesse a respeito normas cabais, seriamos todos escritores de proa" (Eco, 2001: 115). Mas escrever também é uma questão de hábito. A prática de escrever vai permitindo desenvolver o próprio estilo. Porém, enquanto não se chega lá, convém seguir alguns conselhos corriqueiros.

Primeiro conselho. A linguagem utilizada na redação da monografia não deve ser rebuscada ou hermética[20]. A ciência não é sinônimo de hermetismo, pelo contrário, quanto mais o autor domina o tema, mais cristalina e espontânea será a sua exposição.

Quando ainda não se tem prática de redação é aconselhável não usar períodos longos, nem frases intercaladas. Mais vale uma forma direta de dizer, com frases curtas, mesmo que seja preciso repetir o sujeito da frase.

Segundo conselho. Os parágrafos longos também são perigosos, corre-se o risco de o pensamento ficar truncado, quando o sentido da frase se perde pela metade do caminho. Não é nada agradável para quem lê estar a voltar uma ou duas vezes ao mesmo trecho do texto para captar o argumento do autor. Quando se trata de um autor que tem grandes méritos quanto ao conteúdo, a forma hermética ou defeituosa ainda é tolerada, nos demais casos, a obscuridade da forma simplesmente desestimula a leitura.

Terceiro conselho. A linguagem da ciência é diferente da linguagem literária. A ciência usa linguagem mais enxuta e direta, enquanto a literatura está recheada de simbolismos, de expressões figuradas, de recursos retóricos[21]. A linguagem literária é mais agradável, mais bonita e colorida. Mas a linguagem científica não precisa ser "sem graça", nem "carrancuda". O estilo de redação das obras jurídicas normalmente é maçante, mas há autores que se aventuraram a inovar quanto à forma de expor suas teses e acertaram[22]. Entretanto, não se aconselha esse caminho a quem

20. A linguagem dos economistas, chamada pejorativamente de "economês" é um modo de dizer cheio de expressões técnicas, por vezes em inglês, praticada até mesmo por jornalistas comentaristas da área econômica. Constituiu um exemplo expressivo de como não se deve falar ou escrever. Mas não são todos os economistas que se pronunciam em economês. Há os que sabem expor qualquer tema econômico de forma inteligível a qualquer leigo. Isso vale também, em alguma medida, para os bacharéis em direito.

21. "Um ensaio crítico ou um ensaio científico devem ser escritos, de preferência, em linguagem referencial. Por linguagem referencial entendo uma linguagem onde todas as coisas são chamadas pelo seu nome mais comum", Umberto Eco (2001), ob. cit., p. 117.

22. Ver *bromas y veras en la jurisprudencia.* Rudolf Von Ihering (1974). Buenos Aires: Ediciones

está começando e muito menos a quem vai apresentar uma monografia diante de banca constituída por juristas ou operadores do direito. O que importa dizer é que a riqueza da forma e o apuro do estilo não são necessários aos escritos jurídico-científicos, basta que sejam gramaticalmente corretos.

c) A conclusão, à primeira vista, parece simples. Dir-se-ia que, desenvolvido o "miolo" do trabalho, as conclusões quase que emergiriam mansamente, sem exigir já grandes esforços do pesquisador. Ledo engano. Pode-se dizer, sem medo de errar, que a conclusão é a parte mais complicada da monografia. É muito comum que bancas examinadoras de monografias de mestrado e teses de doutorado elogiem sinceramente o desenvolvimento do trabalho do examinando, fazendo, em seguida, restrições à conclusão.

A conclusão depende de interpretação dos dados coletados, mesmo que se trate de dados apenas bibliográficos e de uma dose de criatividade do pesquisador. Se a conclusão fica aquém das expectativas que a monografia criou no espírito do leitor, gera decepção (esperava mais!). Se vai além do que permitem os dados trabalhados e a análise realizada, cria perplexidade (de onde surgiu isto?).

Por outro lado, na conclusão não se reproduz o já dito no desenvolvimento da monografia. Não se trata de resumir, nem de sumariar. A conclusão é uma parte nova do trabalho, onde aparece a contribuição pessoal do autor, é produto das ilações que foi capaz de realizar a partir da reflexão sobre os dados. A monografia não precisa produzir conclusões de extraordinária inventividade, mas deverá apresentar resultados que acrescentem algo ao tema estudado.

Há quem diga que nas conclusões de um trabalho científico não há lugar para propostas de ação. Contudo, está-se falando aqui de monografia jurídica, que é, sem dúvida, trabalho científico, mas pertencente a uma ciência que é melhor entendida e avaliada quando referenciada à realidade das relações e conflitos sociais. O direito produz ciência para regular situações sociais de modo mais aceitável, se não for assim

---

Jurídicas Europa-America.

perde o sentido e trai a sua função social. Portanto, as conclusões de uma monografia jurídica, concernentes a interpretações da teoria e mesmo das práticas sociais, podem e devem (embora isso seja facultativo) vir acompanhadas de propostas efetivas de intervenção na lei e na jurisprudência. (Consultar site da ABNT http://www.abntnet.com.br).

4 Como realizar a pesquisa técnico-jurídica ou jurídico-operacional

A pesquisa aqui denominada jurídico-operacional ou técnico-jurídica é aquela praticada por todos os operadores do direito no exercício das respectivas atividades e/ou funções. Desde advogados, defensores públicos, procuradores e consultores jurídicos, passando pelos magistrados e membros do Ministério Público, até os profissionais do direito integrantes da esfera da Segurança Pública, como os delegados de polícia, estão, cotidianamente e em alguma medida, envolvidos com a busca de soluções jurídicas. Essas soluções demandam trabalho mais ou menos minucioso e detalhado, conforme as circunstâncias. Seja como for, essa modalidade de pesquisa deverá sempre ter por base a legislação, a jurisprudência, as práticas sociais e a opinião dos juristas e, por vezes, o direito comparado.

O senso comum jurídico mais corrente atribui à atividade de pesquisa sentido e finalidades não compatíveis com o processo de operar o direito. Isso porque a tradição designou lugares diferentes para o *pesquisador* e para o *operador do direito*, considerando que, se suas funções são distintas, suas atividades não coincidem. A opinião corrente considera que a atividade de pesquisa compete ao cientista do direito, comumente denominado *jurista*, aquele que se debruça sobre as questões teórico-conceituais, ocupando-se de pensar e repensar o direito a partir de indagações, algumas novas outras recorrentes mas, por algum motivo, avaliadas pertinentes pelo pesquisador. Por outro lado, a atividade de operar o direito, entendida como a procura da solução para as controvérsias que surgem através da aplicação do sistema de leis, compete aos bacharéis profissionais do direito nas várias áreas da regulamentação jurídica, compete aos *operadores do direito*. Sendo assim, em regra, cada uma das duas esferas da atividade profissional, a acadêmica e a da operação do direito, cumpre o seu papel separadamente e, não raro, com alguma dose de desconfiança recíproca. Pode-se dizer que parte dos juristas teóricos mantém alguma distância da prática e os operadores do direito, por sua vez, nem sempre percebem grande utilidade nas reflexões e construções teóricas.

A concepção moderna de direito é hegemônica desde inícios do século XIX[1]. Essa concepção acentua a cisão entre a construção teórica e a aplicação prática do direito, a ponto de tornar bastante problemáticos, até hoje, os pontos de contato entre o *pensamento* dos *doutrinadores* e *ação dos operadores* no âmbito do direito. De acordo com a concepção moderna de direito, positivismo-dogmático forjado no século XIX, as relações entre teoria e prática jurídica podem ser resumidas de duas formas. No caso de determinada teoria estar voltada para o comentário das leis, o aperfeiçoamento das categorias jurídicas consagradas, a discussão em torno de técnicas de interpretação do sistema jurídico e outros aspectos ligados diretamente à aplicação do direito, as suas propostas e conclusões costumam ser aceitas porque podem ser revertidas em favor da prática jurídica. Entretanto, no caso de a reflexão teórica enviesar por caminhos que levam à crítica das leis e dos procedimentos que regem a ação dos órgãos de decisão jurídica, que insistem na crítica das teorias consagradas, principalmente as que dizem respeito aos modos de interpretar e aplicar as leis – como tem acontecido com mais frequência a partir de meados do século XX[2] –, corre o risco de colocar-se em rota de colisão com práticas jurídicas estabelecidas. Nesse caso, esse tipo de teoria é comumente rejeitada como inútil, ou pelo menos perturbadora do bom desenvolvimento da prática jurídica.

Entretanto, o afastamento, quase ruptura, entre teoria e prática jurídica é um equívoco de consequências lamentáveis, refletido nos cursos de graduação em direito, que separam por grupos de disciplinas a *formação*

1. Ver Norberto Bobbio, *O positivismo jurídico: lições de filosofia do direito* (1995). São Paulo: Ícone.
2. Ver Carlos Maximiliano (1979). *Hermenêutica e aplicação do direito*. Rio de Janeiro: Forense.

fundamental da *formação profissional*[3], colocando em blocos separados as matérias que deveriam ser ministradas de modo articulado. O argumento segundo o qual as duas formações se complementam é correto, mas a realização dessa proposta pelos projetos acadêmicos não conseguiu superar a setorização do saber jurídico. A fragmentação no ensino ressalta a distância entre dois modos de acessar conteúdos programáticos. Um, em sala de aula, onde a leitura e interpretação de textos é exigida. O outro, realizado nos núcleos de prática jurídica onde a consulta à lei e à jurisprudência é considerada suficiente para a compreensão e encaminhamento das questões jurídicas. É comum dar-se ao estudante a opção entre vincular-se a um núcleo ou centro de pesquisa jurídica ou realizar atividades jurídicas práticas, como se esta última nada tivesse que ver com alguma forma de pesquisa. Outra consequência, ainda no âmbito da formação jurídica, consiste em tratar a pesquisa como um *plus* na formação de alunos "com tempo para isso" e/ou pendor para a vida acadêmica. Em contraste, os alunos que preferem uma das vertentes profissionais dos operadores do direito não acham necessidade na pesquisa e toleram mal, até mesmo, a obrigação do trabalho de final de curso, cuja única opção continua a ser a monografia, para a maioria dos cursos de Direito[4].

Contudo, como vem sendo dito desde o início, neste livro, a pesquisa é uma atividade absolutamente necessária à atuação eficiente de qualquer profissional do direito, sejam os que enveredaram pela área acadêmica, sejam os operadores do direito. As técnicas a serem adotadas por uns e por outros são, sem dúvida, diferentes, pois os objetivos imediatos não são os mesmos. Não obstante, o mesmo interesse que mobiliza a atividade de pesquisa no direito, que se manifesta nas ações de reunir

3. Esse é um dos aspectos mais discutidos por docentes, muitos dos quais operadores do direito, que se dedicam a comentar e a aperfeiçoar a reforma do ensino jurídico introduzido pela Portaria 1.886/1994 e atualmente regulada na Resolução nº 09 de 2004 do CNE/CES do MEC. Alvaro Melo Filho, por exemplo, em Juspedagogia: ensinar direito o direito (2000) em *OAB ensino jurídico, balanço de uma experiência*, Brasília: Conselho Federal da OAB, diz que a "aula expositiva" enfatiza demasiadamente a teoria jurídica, propondo a sua substituição pela "aula dialogada" que "enseja conciliar-se teoria e prática jurídicas", p. 41.

4. A partir das Diretrizes Curriculares Nacionais para o Curso de Graduação em Direito, Resolução CNE/CES nº 09/2004, substituiu-se a monografia como componente curricular obrigatório pelo "trabalho de curso" (art. 10).

dados, organizá-los e sopesá-los, construir os argumentos para provar um ponto de vista, defender uma tese, está presente tanto na pesquisa científica como na jurídico-operacional.

1.1. Passos da pesquisa técnico-jurídica ou jurídico-operacional

Como se viu anteriormente, o jurista pesquisador, especialista em determinada área do conhecimento do direito, tem diante de si, ao iniciar o trabalho, a parcela da vida social da qual recortará o tema objeto da futura investigação. É possível estabelecer um paralelo entre o ponto de partida do jurista pesquisador, ainda em dúvida sobre o objeto que irá pesquisar e o ponto de partida da análise que o operador do direito – suponhamos advogado – terá de fazer quando se defronta com um caso concreto de reivindicação de direitos, com relação ao qual está sendo solicitado a se pronunciar. O jurista pesquisador, diante do aspecto multifacetado que o tema da sua preferência apresenta, avaliará as vantagens de escolher um ou alguns aspectos como objeto da sua investigação. O operador do direito advogado, por seu lado, instigado pelo caso concreto, e antes mesmo de aceitar o patrocínio da causa que lhe é submetida, analisará os detalhes do caso para identificar sua dimensão jurídica, bem como as possibilidades de encaminhamento jurídico da pretensão do interessado. O que se quer dizer é que, ambos agentes – *jurista cientista* e *operador do direito* – cada qual na sua esfera de trabalho, são instados a desenvolver uma reflexão metódica com vistas a delimitar o seu campo de ação e, daí por diante, caminhar no sentido da realização dos seus respectivos projetos.

Já foram vistas as fases da trajetória da pesquisa jurídico-científica, desde a elaboração do projeto de pesquisa até o desfecho do trabalho e a realização da monografia. Agora se acompanharão os passos da pesquisa que o operador advogado precisará realizar para levar a bom termo a causa que aceitou patrocinar. Deu-se preferência à profissão de advogado por ser a que melhor se presta para e escopo desta exposição. Os demais operadores do direito, com algumas variações, atravessam também, no âmbito das suas respectivas competências, as etapas aqui mencionadas. As principais etapas são as seguintes: a) qualificar o fato concreto, como fato jurídico; b) escolher uma alternativa de encaminhamento do caso; c) pesquisar nas fontes do direito para delas extrair uma norma a ser aplicada ao caso; d) construir a argumentação em favor da tese que se quer defender.

1.1.1. Fato social e fato jurídico

Como realizar a pesquisa técnico-jurídica ou jurídico-operacional

A distinção entre *fato social* e *fato jurídico* aparece em qualquer manual introdutório ao estudo do direito. De início, o estudante não percebe bem a importância da distinção, mas ao enfrentar o estudo das disciplinas profissionais se dará conta de que nem sempre a identificação do fato jurídico é tranquila.

Na linguagem do direito, fato jurídico designa uma ocorrência no contexto da vida social que interessa ao direito regular[5]. Justamente porque interessa a regulamentação do fato, o direito, por meio das regras jurídicas, por assim dizer, juridiciza o fato social[6]. Os fatos jurídicos ou fatos sociais juridicizados podem ser lícitos ou ilícitos e, em princípio, encontram-se previstos no ordenamento jurídico, sob forma de hipóteses nas leis e demais regras postas pelo Estado (direito estatal)[7]. Mas, esses fatos podem estar também presentes nas práticas sociais ainda não institucionalizadas, mas ainda assim dotadas de normatividade – normatividade social[8]. As regras disciplinadoras de fatos sociais criadas por órgãos públicos fazem parte do *direito positivo*[9]. Contudo, as

5. "(....) Qualquer evento que seja idôneo, segundo o ordenamento, a ter relevância jurídica", Pietro Perlingieri (1997). *Perfis do direito civil:* Introdução ao direito civil constitucional. Rio de Janeiro: Renovar, p. 89.
6. "O direito não administra o conflito efetivamente. Sua estratégia é mais sutil. Antes, através do viés normativo, o direito propõe um deslocamento da conflitividade reinstitucionalizando o conflito através da juridicização do fato litigioso, imprimindo-lhe assim a necessária decidibilidade. Por consequência, o direito não decide o conflito; decide o que ele reinstitucionaliza como conflito, ou seja, o "conflito jurídico". Não julga o fato; julga o fato jurídico", Jairo Bisol (...) Mediação e Modernidade: Sítios para uma Reflexão Crítica, em *Em nome do acordo*, ob. cit., p. 112.
7. "Em geral a norma prevê a hipótese da verificação do evento (ou seja, do fato) e a possibilidade de que este – humano (um passeio, a conclusão de um contrato) ou natural (um temporal) – uma vez ocorrido tenha relevância jurídica", Pietro Perlingieri, ob. cit., p. 89.
8. Giovanni Tarello afirma que no século XIX "se afirmaron algunos modos de pensar según los cuales la sociedad misma genera derecho", ob. cit., p. 180.
9. "Con las concepciones políticas estatistas en el siglo XIX, por derecho real y efectivo, esto és *positivo*, se indicó el dereccho própio del Estado (...). Más o menos en el mismo período (...) en las filosofías llamadas positivistas se desarrollaron doctrinas jurídicas, cuyos defensores llamaban *derecho positivo* a aquel que és expresión de la sociedad misma (antes que aquel

práticas sociais normativas não integram o direito positivo em sentido estrito, muito embora possam ser consideradas como fazendo parte do direito em sentido mais amplo, para além do direito positivo *stricto sensu*. Seria possível dizer que muitas dessas práticas integram o direito dito *alternativo* constituído por modos de regular conflitos diferentes do que se acham institucionalizados no ordenamento jurídico, dando lugar a um *pluralismo jurídico*[10].

Portanto, quando o operador do direito advogado se defronta com a situação que o seu futuro cliente relata, precisará, desde logo, distinguir dois aspectos da questão: a) saber *onde pesquisar* para encontrar, seja na regulamentação jurídica vigente, seja na prática jurídica referências relativas ao fato que está sendo relatado e a consequente tutela jurídica, porventura existente, relativa ao que está sendo pleiteado (que emerge à luz do fato); b) analisar a situação concreta, levada pelo interessado, com todas as *peculiaridades que a caracterizam*, com o objetivo de identificá-lo como fato jurídico; c) avaliar as reais possibilidades de reivindicar os direitos que o interessado assegura ter; d) encaminhar a reivindicação, seja pelas vias não judiciais de solução de conflito, seja mediante ação judicial.

As situações problemáticas que se apresentam ao operador advogado são simples algumas, outras menos simples e outras implicando diferentes graus de dificuldade e envolvendo, talvez, conceitos jurídicos polêmicas. Vejamos alguns exemplos singelos e esquemáticos para ilustrar os níveis de dificuldade enfrentados pelo operador advogado quando este, no dia a dia do exercício profissional, pesquisa nas fontes do direito em busca da identificação dos fatos jurídicos. Suponhamos que um casal procure o advogado para ser orientado quanto às medidas legais relativas à separação por mútuo consentimento. Se os requisitos da lei estiverem atendidos,

'puesto' por el Estado)", Giovanni Tarello (1995), ob. cit., p. 180. O mesmo autor Giovanni Tarello, na obra citada, caracteriza como "equívocos terminológicos" o uso, no século XIX, da expressão *direito positivo* para designar, ao mesmo tempo, o direito do Estado e o direito anterior ao Estado.

10. Práticas sociais normativas surgem de ações reiteradas diante de certas situações sociais iguais também repetidas. A repetição e a convicção de que a prática é útil e mesmo necessária confere-lhe obrigatoriedade social. Determinadas práticas como, por exemplo, a prática da construção de lage nos barracos das favelas do Rio de Janeiro e a sua negociação separada do próprio barraco dá origem a um "direito favelar", no dizer de Ricardo Pereira Lira, que acrescenta "é um caso de alternatividade do direito, com marcas de um pluralismo jurídico". Ver do autor *A aplicação do direito e a lei injusta* em BuscaLegis.ccj.ufcs.br

quais sejam: se as partes estiverem casadas por mais de um ano (art. 1.574 do Código Civil) e se os interesses dos filhos – em os havendo – ou de ambos os cônjuges estiverem preservados (parágrafo único do art. 1.574), o juiz perante o qual o pedido foi feito homologará a convenção[11]. Trata-se de uma situação simples, onde o fato jurídico – no caso ato jurídico (manifestação de vontade dos cônjuges com vistas à separação) – se apresenta inequívoco, dele emanando a extinção dos direitos e dos deveres específicos do vínculo de matrimônio (art. 1.576) e a criação de outros direitos para as partes na condição de ex-cônjuges, como o direito da conversão da separação em divórcio, (art. 1.580) e, consequentemente, o direito de contraírem novas núpcias). No caso, a pesquisa do operador advogado não precisou ir a outras fontes além da lei. A lei encontrada não apresenta dificuldades quanto à interpretação, uma vez que a hipótese da separação por mútuo consentimento está prevista no Código Civil vigente. Por outro lado, não havendo disputa entre os cônjuges quanto a qualquer aspecto ou consequência da separação, a questão se esgota com o único pedido.

Suponhamos agora a situação de alguém que procura o operador advogado para que este o aconselhe e eventualmente ajuíze ação contra invasores da casa construída em terreno de sua propriedade. Relata ao advogado o seguinte: a) que as pessoas que diz serem invasoras foram autorizadas por ele a residir na casa em troca de serviços de jardinagem no terreno; b) que quando precisou da casa para outros fins, solicitou dos residentes que a desocupassem; c) que estes, no entanto, resistem, alegando que prestavam serviços regulares ao proprietário em troca de moradia, subordinando a sua saída ao pagamento de indenização. Ora, diante dessa explanação do caso, cabe ao advogado pesquisar no sentido de identificar se esse fato do qual o seu cliente se diz vítima é realmente um fato jurídico, no caso, fato ilícito, a justificar uma medida judicial para restabelecimento de direito lesado. A situação não é tão simples, pois há a possibilidade de ficar configurada, entre os ocupantes da casa e o proprietário, uma relação jurídica (contrato), fato jurídico lícito,

11. Ver a esse respeito, Da separação e do divórcio (2002). Maria Berenice Dias, em *Direito de família e o novo Código Civil*. M. Berenice Dias e Rodrigo da Cunha Pereira (org.), Belo Horizonte: Del Rey, p. 65 a 79.

que daria origem a direitos daqueles perante este. Portanto, o operador advogado está diante de dois possíveis fatos jurídicos: a invasão, fato ilícito, e o acordo de vontades, relação jurídica lícita. O detalhamento das circunstâncias e as provas que o interessado vier a produzir confirmarão a ocorrência ou não do fato jurídico do qual ele se diz vítima. Trata-se de uma questão de dificuldade média, uma vez que a pesquisa não se limita à lei. É preciso talvez procurar na jurisprudência situações que se assemelhem, ou mesmo consultar a teoria em busca de bases de sustentação de argumentos em favor da tese do fato ilícito.

Suponhamos, finalmente, que o operador advogado se encontre diante da reivindicação de cobrança de danos morais contra um determinado banco. A situação relatada envolve um correntista de banco que recebeu em três dias consecutivos três mensagens pelo correio alertando-o do atraso de trinta dias do pagamento de fatura relativa a cartão de crédito e mencionando a possibilidade de o seu nome ser enviado a um cadastro nacional de inadimplentes. A primeira carta foi enviada por uma associação de proteção ao crédito e as duas outras pelo próprio banco. O interessado se diz vítima de ameaça. Entende que os comunicados pelo correio não se justificam em razão de ser ele correntista de mais de trinta anos do banco, nunca ter feito uma dívida com o banco, ser a sua fatura de valor muito pequeno em comparação com o saldo que possui em conta corrente e estar a sua conta sob a supervisão de gerente especial, cujo papel, segundo o interessado, seria procurar o correntista para saber as razões do atraso, antes de qualquer outra medida. A figura do *dano moral* não é pacífica na teoria jurídica[12], ou seja, há polêmica quanto a sua caracterização, o que torna mais complicada a qualificação jurídica do caso dado. Essa é uma situação que apresenta um grau ainda maior de dificuldade do que a anterior, pois o conceito mesmo em torno do qual a reivindicação se faz está a depender de aperfeiçoamento, por parte da doutrina, da respectiva construção teórica. Certamente, o operador advogado terá de

12. "O que configura o dano moral é aquela alteração no bem-estar psicofísico do indivíduo. Se do ato de outra pessoa resultar alteração desfavorável, aquela dor profunda que causa modificações no estado anímico, aí está o início da busca do dano moral" *Dano moral como consequência de indiciamento em inquérito policial* (2000). Aparecido Hernani Ferreira, São Paulo: Juarez de Oliveira, p. 70.

estender a sua pesquisa por várias fontes do direito: a lei, a jurisprudência, as opiniões dos teóricos especialistas na matéria, talvez a legislação estrangeira para efeito de compará-la com a legislação nacional e avaliar a possibilidade de adequá-la ao caso. Mas, além disso, importa também a particular reflexão do operador em torno das circunstâncias do caso, também em torno da ideologia que permeia o ordenamento jurídico, levando-o, quem sabe, à interpretação criativa a partir de princípios contidos no sistema vigente, em especial na Constituição Federal, ou dos valores que permeiam a cultura da sociedade, além de exercitar a sua autonomia como interprete do direito[13].

As opiniões de juristas especialistas de comprovado conhecimento e experiência no trato de questões jurídicas são sempre recomendáveis, mais do que isso, necessárias, pois trata-se de um recurso eficaz no sentido de oferecer respaldo respeitável para a construção de teses de defesa de direitos principalmente quando se trata de matéria controvertida. Vimos acima que as sugestões da teoria são, no plano da prática, consideradas valiosas quando servem de sustentação para os argumentos dos operadores do direito. Suponhamos que o operador advogado, depois de refletir sobre o sentido da legislação vigente a respeito do dano moral, se convença da qualificação jurídica da situação concreta do seu constituinte. Quando a situação não corresponde exatamente ao que está "posto" pelo direito positivo, isso não significa necessariamente a inexistência do direito individual ou coletivo pleiteado pelos interessados. Até mesmo juristas insuspeitos quanto à linha teórica adotada, como Norberto Bobbio[14], admitem a existência de *lacunas* na lei, quer dizer, de incompletude do sistema[15], ou como diz Herbert Hart, a "indeterminação das

13. Conferir o que diz Giovanni Tarello, comentando um escrito de Massimo Bianca sobre a autonomia do interprete: "(...) deveria [o interprete] responsablemente tratar de realizar, a través de la interpretación y actuación del derecho, aquellos que son sus ideales políticos, sociales, morales y religiosos", ob. cit., p. 380. A citação serve para os operadores do direito de um modo geral.

14. Norberto Bobbio costuma ser inserido por seus intérpretes na corrente do *positivismo analítico* que entende o direito como sistema de normas com características de unidade, coerência e completude. Ver Bobbio, *Teoria do ordenamento jurídico* (1989). São Paulo: Polis. Brasília: Editora da UNB.

15. "A lacuna significa que o sistema, em certos casos, não oferece a possibilidade de resolver um determinando caso nem de uma maneira, nem da maneira oposta (...) isso revela a

regras"[16]. Portanto, a pesquisa do operador do direito, no caso advogado, em face do que ele, à luz do fato, entendeu ser uma *lacuna de lei* deverá se orientar, em primeiro lugar para a jurisprudência, onde decisões inovadoras podem ser encontradas, depois na doutrina dos juristas, nas práticas sociais, nas regras jurídicas mais amplas, tais como as encontradas na Constituição Federal, na legislação especial e no direito comparado.

Ronald Dworkin chama de "casos difíceis" aquelas situações jurídicas ajuizadas que provocam sérias dúvidas quanto a melhor solução[17]. Diante dessas situações, cabe ao juiz desenvolver uma busca (pesquisa), por vezes bastante árdua, em decisões proferidas no âmbito judicial e incorporadas à jurisprudência. Entretanto, não é proposta do autor Dwokin que o juiz siga a jurisprudência mecanicamente. Muito pelo contrário, a decisão adotada, dentre outras proferidas para casos semelhantes ao caso que o juiz está em vias de julgar, só é escolhida porque, na ótica do julgador, corresponde ao melhor ponto de vista sobre o caso à luz de vários fatores, inclusive valores sociais. Ora, para chegar à solução final, o juiz levantou vários critérios anteriormente utilizados por outros juízes em situações análogas; estabeleceu um paralelo entre dois grupos de variáveis, as que estiveram presentes no passado e as que no presente identificam a situação que tem diante de si. Confronta cada um com outros pontos de vista e só então profere a sentença.

O trabalho de investigação jurídica realizada pelo juiz fictício, que Dworkin chama de *Hércules*[18], é o modelo de desempenho do juiz responsável, quer dizer, comprometido com os objetivos da sua função em face dos *casos difíceis*, que não são tão raros como à primeira vista possa parecer, mas muito mais frequentes do que se imagina. Como se pode facilmente verificar, antes de chegar a um resultado satisfatório em termos

incompletude do sistema", N. Bobbio (1989), ob. cit., p. 138/139.

16. Cf. Herbert Hart (1994), *O Conceito do Direto*, p. 137 e s.

17. "Os casos difíceis se apresentam, para qualquer juiz, quando sua análise preliminar não fizer prevalecer uma entre duas ou mais interpretações de uma lei ou de um julgado. Ele então deve fazer uma escolha entre as interpretações aceitáveis (...) sua decisão vai refletir não apenas suas opiniões sobre a justiça e a equidade, mas suas convicções de ordem superior sobre a possibilidade de acordo entre ideais", Ronald Dworkin (1999). *O império do direito*. São Paulo: Martins Fontes, p. 306.

18. *Hércules* é o juiz fictício que Dworkin apresenta como o modelo para todo juiz real. Ver Ronald Dworkin (1999), *O Império da Leis*, p. 404.

da melhor solução para o litígio, o julgador desenvolveu verdadeiro trabalho de pesquisa. Nesse trabalho estão envolvidos não apenas a experiência do julgador como membro do Judiciário, mas também o seu conhecimento do direito e de matérias afins, bem como a sensibilidade para compreender a situação jurídica ajuizada como uma parte da vida de pessoas reais[19].

Não obstante o juiz Hércules ser apenas um padrão fictício de comportamento e não um juiz real, o modelo de atuação diligente que Hércules representa é a proposta de Dworkin para qualquer juiz. O "método de Hércules"[20] ilustra bem o que se quer dizer aqui sobre a necessidade da pesquisa no plano da atividade prática dos operadores do direito. Longe de se admitir a aplicação do direito como dedução mecânica de hipóteses legais supostamente ajustadas ao caso, ou repetição de decisões judiciais anteriores, também supostamente adequadas, o convencimento do juiz resulta do sopesamento de muitas variáveis. Esse comportamento vale – cabe insistir – para qualquer operador do direito.

1.1.2. Interpretação do direito e vias de encaminhamento do caso

Em primeiro lugar, o operador advogado precisa estar convencido do caráter jurídico da reivindicação do seu constituinte. Para tanto, deverá reunir e consultar elementos de prova e considerá-las suficientes para a possível arguição da existência do direito alegado. O segundo passo consiste em decidir por uma das vias de encaminhamento do problema, seja a *via judicial*, seja a *via extrajudicial*, ou pelo menos sugerir ao seu cliente a via que lhe parece ser a melhor. Essa decisão corresponde à escolha da melhor estratégia de ação, tendo em vista o que ele, advogado, supõe ser a via que permitirá encaminhar mais eficazmente a defesa dos interesses em jogo. Com efeito, o papel do operador advogado, em face do caso que aceitou patrocinar, é semelhante ao do estrategista, aquele que planeja o que fazer e como fazer com a finalidade de atingir

19. Esse trabalho do juiz *Hércules* é uma verdadeira pesquisa, válido para qualquer operador do direito, com ênfase aqui para o operador advogado.

20. "As leis precisam ser lidas de algum modo que decorra da melhor interpretação do processo legislativo como um todo (...) sua [de Hércules] interpretação deve refletir (...) suas convicções sobre os ideais de integridade e equidade políticas e devido processo legal". Ronald Dworkin (1999), ob. cit., p. 404/405.

determinado resultado. No caso, o advogado planeja a obtenção de um resultado o mais satisfatório possível, inclusive quanto a economia de tempo, em face das circunstâncias que envolvem o direito demandado e em face do que dispõe o ordenamento jurídico vigente. O importante aqui é insistir em que nenhuma das etapas da atividade profissional do operador do direito é puramente técnica, no sentido de dispensar uma pesquisa, a não ser, em parte, nos casos que Herbert Hart chama de "casos familiares"[21], quando a situação real corresponde em tudo e por tudo ao modelo hipoteticamente previsto na regra vigente. Esses casos efetivamente acontecem com alguma frequência, como observa Hart, mas, mesmo assim, não constituem a maioria. Pelo contrário, os problemas reais comumente são diversificados, trazendo elementos não incluídos ou precariamente incluídos nas hipóteses legais, até porque estas são sempre muito gerais, enquanto as situações concretas são espécies que correspondem, em graus diversos e com maior ou menor rigor, ao padrão estabelecido nas leis. Cabe portanto, ao operador do direito – seja juiz, seja advogado, seja qualquer outro operador do direito – consultar leis e demais regras jurídicas com espírito investigativo, além de buscar subsídios também em outras fontes juridicamente pertinentes tentando extrair dessas fontes uma ou mais normas adequadas ao caso.

O operador do direito, no caso advogado, no desempenho da sua função é chamado a realizar verdadeira pesquisa. Vejamos em primeiro lugar de que modo os dois autores que vêm sendo citados visualizam a caminhada do operador advogado na procura do equacionamento de situações que poderíamos chamar de *complexas*. Herbert Hart, por exemplo, oferece informações elucidativas a respeito. Diz o autor que, embora as descrições verbais que a lei traz, regulando a conduta por padrões, possam parecer, à primeira vista, seguras e certas comparativamente aos costumes ou outras regras dotadas de autoridade, na verdade a linguagem geral não é tão firme e segura como aparenta[22]. Isso significa que é ingenuidade pensar que a aplicação de leis aos casos pode ser feita facilmente e que uma vez

21. Em *O conceito do direito* (1994) Herbert Hart se refere a "casos familiares" como aquelas situações jurídicas que se apresentam com relativa frequência e que, por isso mesmo, se encontram suficientemente configurados em alguma hipótese legal, p. 138.

22. Ver Herbert Hart (1994), ob. cit., p. 138/139.

existindo leis em abundância nada fica fora dos padrões, basta encontrá-los. Ronald Dworkin atribui uma responsabilidade grande ao operador do direito, garantindo que o seu papel não é menos importante do que o do legislador, pois cada decisão do operador equivale a uma participação na construção do direito[23]. Como já foi dito, embora Dworkin trate especificamente da situação do juiz, o desempenho descrito pode ser aplicado também ao advogado, com a diferença de que este *propõe* soluções, enquanto que o juiz *escolhe* a solução que lhe parece a melhor e a torna obrigatória.

Resumindo, a pergunta que o operador advogado se faz, após reunir dados suficientes para caracterizar o fato ou o conflito como jurídico, é: qual a medida jurídica a ser tomada? Essa, na fase inicial do trabalho do operador advogado, é a primeira indagação que este se faz, mas é também a primeira decisão para o encaminhamento do caso. Dois caminhos podem ser seguidos pelo advogado: o caminho da busca do acordo entre as partes em conflito (modo não adversarial) ou o caminho do ajuizamento de uma ação do seu constituinte contra a outra parte no conflito (modo adversarial). Porém, a partir daí o trabalho mais árduo é o da interpretação do direito e o da construção da argumentação em favor da tese de defesa escolhida. Na verdade, a pesquisa do operador do direito se confunde com a interpretação das fontes do direito, não no sentido de avaliá-las em si mesmas para uma possível crítica, da sua utilidade, pertinência etc., como faz o pesquisador cientista do direito, mas com a intenção de compreender as fontes do direito, nelas buscando a solução para o caso concreto.

1.1.2.1. Interpretação do direito e modo adversarial de encaminhamento dos conflitos

A forma adversarial, como a expressão deixa transparecer, supõe a impossibilidade de o conflito ser resolvido por meio de negociação ou acordo entre as partes nele envolvidas. Ou porque uma das partes representa um interesse público, por exemplo, nas ações do contribuinte contra o Fisco, ou nos conflitos de natureza penal, situações em que a

23. Ver Ronald Dworkin (1999), ob. cit., cap. IX.

decisão judicial é obrigatória, ou porque as partes, embora podendo, não querem tentar um acordo, preferindo, desde logo, uma decisão proferida por terceiro.

O encaminhamento judicial das controvérsias demanda pesquisa na lei e na jurisprudência e, em casos mais complexos, nas obras de doutrina jurídica. Do que se trata nessa pesquisa? Em primeiro lugar, trata-se de identificar a medida judicial adequada, ou seja, a ação judicial que melhor corresponde ao direito alegado. Por vezes, a identificação é imediata, quando se trata de situações simples e esquemáticas, por exemplo, o locador, proprietário do imóvel alugado, pretende pedir o imóvel para uso de descendente. Mas, não raro, as situações relatadas ao operador advogado exigem uma escolha entre duas ou mais ações judiciais, sendo que a opção por uma delas resulta de verdadeira interpretação do direito à luz do caso no sentido de garantir uma escolha razoável e promissora de bons resultados. Por exemplo, quando o caso envolve disputas familiares com repercussões patrimoniais (partilha de bens) e pessoais (guarda de filhos menores, direito de visita).

Decidindo-se o operador advogado pela medida judicial a ser proposta, então aí passa-se à segunda fase da pesquisa, que consiste em buscar nas regras jurídicas vigentes e de acordo com as circunstâncias do caso a norma adequada a satisfazer o direito pleiteado. A pesquisa do operador do direito leva em consideração primordialmente as fontes tradicionais do direito, lei, jurisprudência, opinião de autores renomados, mas em casos mais complexos não se reduz a isso. Os casos mais complexos são os que apresentam reivindicações que aparentemente não têm acolhida na lei nem na jurisprudência[24]. São complexos também casos para os quais leis de tempos diferentes aparentemente se aplicam[25].

24. Esse é o caso das chamadas *lacunas de lei*. Citamos aqui Norberto Bobbio: "Entre os casos inclusos expressamente (no ordenamento jurídico) e os casos exclusos há uma zona incerta de casos não regulamentados. Cada ordenamento prevê os meios e os remédios aptos a penetrar nessa zona intermédia, a estender a esfera do regulamentado em confronto com a do não regulamentado", *Teoria do ordenamento jurídico* (1989), ob. cit., p. 146.

25. Para essa situação Claudia Lima Marques sugere a técnica do *diálogo das fontes*, que consiste "na aplicação conjunta de duas normas ao mesmo tempo e ao mesmo caso, seja complementarmente, seja subsidiariamente, seja permitindo a opção voluntária das partes sobre a fonte prevalente (...) ou mesmo permitindo uma opção por uma das leis em conflito abstrato", em Diálogo entre o Código Civil: do "diálogo das fontes" no combate às cláusulas abusivas, em *Revista do Direito*

As medidas judiciais (ações judiciais) são muitas, não cabendo aqui sequer mencioná-las. O que interessa apreciar são algumas estratégias de compreensão e argumentação tendentes a defender uma maneira de aplicação da lei ao caso. A especificidade, portanto, da pesquisa do operador advogado coincide com o que na teoria jurídica é denominado de *interpretação do direito.* A rigor, a interpretação é do direito e também do fato, ou seja, a proposta de encaminhamento e solução da controvérsia depende, por um lado, das circunstâncias do caso e, por outro lado, do que o direito positivado coloca à disposição através das suas fontes. A interpretação do direito é uma arte, além de ciência. É ciência – a hermenêutica jurídica – no sentido da existência de métodos e técnicas fundados em premissas teóricas que permitem a busca do sentido das expressões jurídicas aplicáveis às situações concretas. Mas a interpretação do direito também é arte, na medida em que requer do operador advogado (mas também do juiz, do administrador, como de qualquer outro operador do direito) a combinação de razão e sensibilidade em face dos princípios, de valores sociais e morais para extrair das expressões contidas nas regras do direito a(s) norma(s) mais adequadas ao caso[26].

A interpretação do direito é tarefa complexa que acompanha todas as fases do processo judicial. O operador advogado precisa guardar coerência com os argumentos iniciais quando oferecer as contra-argumentações necessárias ao estilo da controvérsia, própria da via judicial. Para alguém que arguisse a pouca relevância da interpretação do advogado, vale lembrar o que diz Dworkin falando da interpretação judicial, quando afirma que o juiz é um "autor na cadeia do direito"[27].

do Consumidor, nº 45 (2003), São Paulo, Ed. Revista dos Tribunais, p. 71 a 99.

26. Nesse sentido vale citar o autor italiano Giovanni Tarello que, comentando um artigo de Massimo Bianca, a respeito da autonomia do intérprete diz "deberia responsablemente tratar de realizar, a través de la interpretación y actuación del derecho, aquellos que son sus ideales políticos, sociales, morales y religiosos" *Cultura Jurídica y política del derecho* (1988). México: Fondo de Cultura Económica, p. 380.

27. Para Dworkin a interpretação do direito se dá "em cadeia", tal como um "romance em cadeia", gênero por ele imaginado para estabelecer uma comparação entre direito e literatura. Os vários autores que participam da construção do romance em cadeia interpretam o capítulo que recebem e escrevem um novo. Isso significa que cada romancista da cadeia interpreta e cria a um só tempo. Uma cadeia semelhante ocorre também quando o juiz interpreta a lei e

Isso significa que, para Dworkin, a criação do direito se dá pela via legislativa e pela via judicial, ou que o papel do juiz não é o de repetidor da lei, mas de agente da busca dos sentidos da lei. Para entender a interpretação feita pelo advogado, a imagem da cadeia de interpretações também é adequada, tal como para a atuação do juiz. Isso porque, embora o advogado saiba (ou deva saber) que precisa, na defesa dos direitos do seu constituinte, considerar o "estado da arte" da construção dos sentidos dos institutos jurídicos, o seu compromisso com o cliente pode induzi-lo a inovar, ou buscar um outro sentido para a lei, em nome do interesse patrocinado, aprimorando os argumentos em favor da tese de defesa levantada. Vale insistir em que a inovação não é gratuita, pelo contrário, deve estar firmemente ancorada numa justificativa: a existência do interesse que se dispõe a patrocinar e que tangencia o sentido mais corrente dado à lei. Essa inadequação do caso à lei instiga o operador do direito a procurar outra saída, ou seja, um sentido novo da lei que se ajuste ao interesse pretendido. A interpretação do operador advogado, na verdade, propõe uma norma para o caso a partir da lei em questão ou com base em outras fontes do direito. Suponhamos que na defesa de um cliente, o advogado argumente contra uma jurisprudência firmada. Apesar de conhecer e aceitar, em princípio, o caráter obrigatório da regra, o advogado se aventura a romper nesse caso a cadeia de interpretação, desde que a situação concreta assim o permita, mais do que isso, o exija.

Herbert Hart não compartilha com a teoria de Dworkin quando se trata de admitir a existência de casos juridicamente não regulados no ordenamento jurídico. É a situação em que o direito se apresenta "parcialmente indeterminado ou incompleto"[28]. Essa é a situação em que o operador do direito advogado pode propor a criação de direito novo para o caso com o qual trabalha e o juiz está autorizado a usar do seu "poder

---

decide: interpreta e cria o direito cuidando para que a obra de construção jurídica, da qual ele participa, guarde coerência com a construção da jurisprudência Ver. Ronald Dworkin (1999), ob. cit. p. 275/279.

28. Diz Herbert Hart a esse respeito que "Se, em tais casos, o juiz tiver de proferir uma sentença (...) então deve exercer o seu poder discricionário [*discretion* no original inglês, nota do tradutor] e criar direito para o caso, em vez de aplicar meramente o direito estabelecido preexistente. Assim, em tais casos juridicamente não previstos ou não regulados, o juiz cria direito novo" (1994), ob. cit. p. 335.

discricionário" para confirmar a criação do direito, em lugar de aplicar o direito preexistente. As razões que justificam essa atitude são razões gerais que o legislador também alegaria, incluindo "crenças e valores" pessoais[29].

Como realizar a pesquisa técnico-jurídica ou jurídico-operacional

O operador advogado no encaminhamento do caso perante o Judiciário é parcial na medida em que defende interesses do seu cliente. Nesse sentido, na tese de defesa que escolheu encaminhar judicialmente tende a enfatizar as peculiaridades do caso e, mediante argumentos, sugerir a solução de acordo com a sua perspectiva e convicção. Contudo, o operador advogado, consciente e experiente, sabe que a sua intenção de defesa dos direitos com os quais se comprometeu tem limites. Os limites são as "razões gerais" mencionadas por Hart para que a argumentação não seja arbitrária.

Hart explica o porquê da indeterminação dos padrões gerais, em especial das leis. Em primeiro lugar, porque as línguas naturais, quando usadas para explicitar regras gerais, possuem "textura aberta", ou seja, a língua traz em si mesma um grau alto de indeterminação, o que torna a sua aplicação muitas vezes dúbia e questionável[30]. A aplicação da regra geral, por causa da textura aberta da língua, dá ensejo, em face de situações concretas, à escolha de alternativas abertas de sentido. Se a lei, por exemplo, delimita os casos em que danos morais podem ser arguidos, isso não significa que tenha esgotado as situações. Podem surgir casos em que pessoas ofendidas estejam convictas de que a elas se aplica a regra, embora a situação em que a ofensa ocorreu não esteja contemplada claramente na regra geral. O segundo motivo da indeterminação dos padrões normativos gerais reside no fato de que existem duas desvantagens quando se procura "regular de forma não ambígua e antecipadamente alguma esfera da conduta por meio de padrões gerais". Uma das desvantagens é a "ignorância de fato" para os humanos, e

29. Herbert Hart é claro quando diz que, embora o juiz deva usar os seus poderes discricionários, "não deve fazer isso de forma arbitrária: isto é, deve sempre ter certas razões gerais para justificar a sua decisão e deve agir como um legislador consciencioso agiria, decidindo de acordo com as suas próprias crenças e valores" (1994), ob. cit., p. 336.

30. Para mais detalhes sobre o conceito e *textura aberta,* ver Herbert Hart (1994), ob. cit., p. 137 a 149. Ver também Noel Struchiner (2002). *Direito e linguagem: uma análise da textura aberta da linguagem e sua aplicação ao direito.* Rio de Janeiro: Renovar.

portanto também para o legislador, a respeito dos infinitos aspectos que envolvem os fatos da vida social. Não é possível calcular de antemão todas as "combinações de circunstâncias que o futuro pode trazer". A outra desvantagem é uma consequência da primeira. Justamente por não poder prever tudo, as regras gerais são indeterminadas também quanto a sua finalidade[31]. Se a finalidade de uma determinada lei é proteger, suponhamos, o consumidor superendividado, as determinações do que seja o superendividamento devem estar dadas na lei. Digamos que a lei queira proteger o superendividado passivo, ou seja, aquele que negociou um empréstimo em virtude de imprevisto em sua vida, como doença, desemprego, acidente. Além do que, a lei exige que o crédito em questão seja crédito consignado, quer dizer, dedutível em folha de pagamento. Essas determinações visam resguardar a vulnerabilidade desse tipo de consumidor: essa é a finalidade da lei. Entretanto, pode acontecer de situações outras virem a ser alegadas com pretensões à proteção da lei – devedores inadimplentes de créditos não consignados, devedores ativos, ou seja, que endividaram por livre escolha. Enquanto não se confronta a finalidade da lei com os interesses presentes nos casos não previstos, essa finalidade é indeterminada. Quando situações novas surgem, o que se deve fazer é resolver pelo confronto dos interesses concorrentes (os garantidos na lei e os trazidos pela situação diferente) e escolher a melhor solução, que implicará certamente num rearranjo dos valores inicialmente contemplados na lei.

O encaminhamento adversarial dos conflitos supõe que as partes envolvidas, por meio dos seus representantes advogados, lutem por seus respectivos direitos, argumentando e contra-argumentando com o intuito de vencer. A meta é obter do juiz da ação uma decisão favorável no todo ou parcial, o que implica para a outra parte uma decisão desfavorável, no todo ou em parte. A interpretação do direito está pois dirigida para esse fim. A pesquisa no direito em busca da melhor interpretação não é facultativa, mas obrigatória, integra a atividade do operador advogado ao longo do processo em que a ação judicial se desenrola.

31. Ver Herbert Hart (1994), ob. cit., cap. VII.

1.1.2.2. Interpretação do direito e modo não adversarial de encaminhamento dos conflitos

As formas não judiciais de solução de conflitos garantem, via de regra, um trajeto mais curto, menos oneroso e menos constrangedor para as partes na busca de uma solução da controvérsia que os colocam em campos opostos. O advogado experiente e prudente deveria sempre aconselhar ao seu cliente, em primeiro lugar, a tentativa de um acordo, quando esta medida for por ele, advogado, avaliada como uma das reais possibilidades para a solução da controvérsia. Aliás, no preâmbulo da Constituição da República Federativa do Brasil de 1988 encontra-se expressamente dito que os conflitos devem ser solucionados pacificamente, independentemente, portanto, da interferência do Poder Judiciário. As formas não judiciais não cabem quando o interesse em jogo no conflito envolve direitos não disponíveis[32]. Não havendo impedimento legal, o acordo pode e deve ser buscado, pois, ao contrário da opinião mais conservadora, a eficiência do sistema jurídico na solução dos conflitos deve ser medida pela capacidade das suas instituições de prevenir os desentendimentos e de possibilitar a sua composição com a participação efetiva das partes envolvidas.

A composição pela via das formas negociais de solução de controvérsias supõe a disposição das partes de ceder em alguma medida, limitando o alcance da sua pretensão, com o objetivo de evitar a via judicial. Trata-se de uma prática salutar em dois sentidos. No sentido de que ao transferir para as partes a responsabilidade pela solução, provavelmente o acordo resultará mais adequado aos interesses em questão e, por isso mesmo, será cumprido espontaneamente. Por outro lado, a prática da negociação desafoga o Poder Judiciário, demandado hoje para além da capacidade dos instrumentos judiciais de promover uma justiça em tempo razoável. A Lei nº 8.952/1994, que reformou o Código de Processo Civil, prescreve, para os procedimentos ordinários, a audiência preliminar de conciliação. Essa medida, de fato, abriu um espaço para a solução

32. São ditos *não disponíveis* direitos que, por lei, o titular está impedido de exercer livremente. Apenas para exemplificar, são indisponíveis os direitos relativos ao estado das pessoas, como a capacidade, o casamento, a filiação, o pátrio poder, dentre outros relativos ao direito de família, bem como direitos resguardados pela lei penal.

pacífica dos litígios e desse modo diminuiu a pressão das demandas junto aos órgãos jurisdicionais. O mais importante, porém, é que essa prescrição legal estimula o exercício da cidadania, na medida em que sugere caminhos de solução de litígios no sentido inverso da cultura adversarial.

Alguns autores denominam de *formas alternativas* as modalidades não judiciais de solução de conflitos jurídicos. A denominação deixa transparecer a ideia que a via principal e preferencial de encaminhamento de conflitos jurídicos ainda é a judicial. Essa convicção se explica historicamente. O sistema jurídico brasileiro encontra-se filiado à tradição da *civil law*, quer dizer, adaptado ao regime normativista fundado na legislação, com prioridade para a lei sistematizada em alentados conjuntos, tais como os Códigos de Processo, o Código Civil, o Código Penal, a Consolidação das Leis Trabalhistas etc. O Brasil adotou, no contexto da tradição normativista/legalista, os procedimentos judiciais como a via não apenas privilegiada, mas única, para o encaminhamento e solução da totalidade dos problemas jurídicos. Na tradição que remonta ao século XIX, a figura do Estado se destaca como garante dos direitos individuais e repressor de atitudes antissociais, a um só tempo. Sob seu aspecto estrutural, ou seja, como conjunto de órgãos que exercem o poder, o Estado é o único responsável tanto pela elaboração e organização das leis como pela sua interpretação e aplicação aos casos jurídicos controvertidos ou não. Nessas condições, o acesso à justiça na busca de solução para os conflitos – formalmente denominados *litígios* pela ciência dogmática do direito – passa necessariamente pelo crivo dos órgãos judiciais. Essa função monopolística do Estado de *dizer o direito* (*jurisdictio*) precisa continuar a ser discutida na sociedade contemporânea, com especial atenção para a sociedade brasileira. A rigor já está sendo discutida há pouco mais de dez anos[33]. Não se trata de contestar a função do Estado – através do seus órgãos judiciais – de se pronunciar de forma última e definitiva, quando provocado nos casos de conflitos de interesses não equacionados de modo consensual. O que se quer questionar é outra coisa. Questiona-se a possibilidade de atribuir às formas consensuais de solução de conflitos

33. Ver José Luís Bolzan de Morais, *Do direito social aos interesses transindividuais:* o Estado e o direito na ordem contemporânea (1996). Porto Alegre, Livraria do Advogado.

jurídicos importância equivalente ou superior às formas judiciais. Tão válido e lícito juridicamente é um acordo entre partes que solucionam por vontade própria o seu conflito, como a decisão de um conflito semelhante por vontade superior de um terceiro – o juiz. Na verdade, não há nenhuma proibição legal quanto à prática de formas consensuais de solução de conflitos quando a questão não implica direito indisponível, como já foi dito acima. O que falta, no Brasil, entretanto, é uma cultura de valorização das modalidades ditas alternativas ou não adversariais de acesso à justiça. Mesmo quando é notória a insuficiência dos recursos jurisdicionais em face da quantidade de reivindicações encaminhadas aos tribunais, ainda assim a mentalidade belicosa, formalista e paternalista dominante não deixa enxergar as vantagens das soluções negociadas das controvérsias. Junte-se a essa realidade o fato de os operadores advogados ainda olharem com desconfiança o papel de mediador ou conciliador que os mesmos advogados poderiam desempenhar tão bem quanto, ou melhor que outros profissionais.

Voltando ao sentido da palavra *alternativo*, aplicada à questão ora analisada, dir-se-ia que há duas intenções que aderem ao uso da palavra. Uma está ligada à ideia de impossibilidade de o Judiciário atender, em tempo razoável, todos os pleitos ajuizados na forma de diferentes ações. A demora excessiva na tramitação e solução das causas ocasiona a denominada "crise" do Poder Judiciário, com o consequente desprestígio desse órgão do Estado[34]. Em face dessa situação há quem opte, alternativamente, pelo acordo, embora preferisse a via judicial. A outra intenção que atravessa o uso da palavra *alternativo* está referida à ideia da manifesta preferência das partes em conflito pela via consensual, por considerarem essa uma medida mais apropriada ao tipo de interesse em jogo. Do ponto de vista cultural, essa segunda intenção é minoritária, em virtude da forte tradição de transmitir para o Estado decisões que poderiam ser assumidas, com vantagens, no âmbito particular da

34. "A impossibilidade da resolução de todos os problemas que hoje demandam acesso à Justiça e que colimam seja essa justiça realmente efetiva na consecução dos propósitos prometidos, elucida um descompasso e um desajuste que acabam por ocasionar uma perda do poder do Estado e consequente desprestígio do próprio Poder Judiciário", Bolzan de Morais e outro, Outras Formas de Dizer o Direito, em *Em nome do acordo: a mediação no direito* (1999), ob. cit., p. 68/69.

ocorrência da discórdia. Se essa fosse uma perspectiva mais amplamente aceita, possivelmente o Judiciário ficaria desafogado, podendo ser acessado subsidiariamente, no caso de fracasso do acordo, ou de aspectos do conflito não solucionados pacificamente[35]. Vale notar que as formas hierarquizadas de organização social surgem no bojo de transformação paulatina da convivência quando "a violência foi convertida em instrumento de poder"[36]. Em momento histórico muito anterior à formação do Estado, as formas hoje ditas alternativas de solução de conflitos eram as que existiam; a forma judicial posteriormente veio a substituí-las[37].

Apresentando-se as condições para a composição consensual do conflito é provável que o acordo ocorra, tornando-se documento de solução da controvérsia. Não obstante – vale insistir – o acordo não impede que as partes recorram ao Judiciário em aspectos não acordados ou que tenham ficado dúbios no documento comprobatório do acordo. Essa opção das partes, ou de uma delas, pode ocorrer a qualquer momento, seja interrompendo o procedimento de negociação, seja em momento após a assinatura do acordo. Neste último caso, a opção das partes ou de uma apenas pela via judicial ocorre por entenderem que houve aspectos da questão que não ficaram satisfatoriamente resolvidos.

O acordo, a rigor, é a fase final de um processo de conciliação. Para encaminhar esse processo, o operador advogado deve estar preparado no que se refere ao conhecimento teórico sobre os procedimentos relativos às formas não judiciais de solução de conflitos, como também no que diz respeito à experiência na aplicação dessas formas. Que formas alternativas de solução de conflitos jurídicos são conhecidas? As mais correntes hoje são a *negociação*, a *mediação*, a *conciliação* e a *arbitragem*, denominadas

---

35. "O sistema judicial só seria acionado depois de tentados outros métodos de resolução, a não ser que a questão envolvida versasse sobre direitos não disponíveis, ou que não seja aconselhável o tratamento judicial meramente subsidiário, ou seja, quando a provocação da jurisdição seja absolutamente necessária", Bolzan de Morais e outro, ob. cit., p. 70.

36. Ver Carlos Eduardo Vasconcelos, *Mediação de conflitos e práticas restaurativa* (2008). São Paulo: Método, p. 22.

37. "... Se dá o renascimento do consenso, com o concomitante despertar dos meios alternativos de solução dos conflitos que, em períodos anteriores, foram amplamente utilizados e encontravam-se esquecidos" Bolzan de Morais e outro, ob. cit., p. 73. Também a esse respeito Carlos Eduardo de Vasconcelos, referindo-se a tempos ancestrais, que "os conflitos eram mediados pela comunidade, coordenada em torno de lideranças comunitárias", ob. cit. p. 22.

meios alternativos ou extrajudiciais de solução de controvérsias (ADRs – *Alternative Dispute Resolutions*). Nenhuma delas comporta aplicação muito rápida, salvo em casos bem simples. Pelo contrário, na maior parte das vezes, as modalidades de negociação demandam o amadurecimento da discussão, orientada pelo advogado, em torno dos aspectos do caso; além do conhecimento específico, acima referido, adquirido na formação continuada do operador advogado. Isto significa que o operador conciliador ou mediador, para cada caso que aceitar conduzir o entendimento entre as partes em conflito, deverá pesquisar antes na lei, na doutrina na jurisprudência, em documentos particulares ou em qualquer outra fonte com valor jurídico para garantir um aconselhamento proveitoso e a razoável solução da pendência. De preferência, deverá possuir conhecimentos, mesmo que elementares, de psicologia, pois está lidando com interesses humanos que se opõem e com insatisfações, ou mesmo sentimentos mais agudos de raiva, vingança, ressentimento etc. Sua habilidade consiste, inicialmente, em apresentar razões convincentes a respeito das vantagens da realização do acordo. Em momento posterior deverá alertar as partes para as consequências jurídicas do acordo, informando sobre os requisitos técnicos a serem atendidos no sentido de evitar nulidade do documento. Essa tarefa típica do operador advogado exige pesquisa e reflexão em torno dos aspectos do caso e do que prescrevem as regras vigentes e/ou eventuais cláusulas de documentos particulares anteriormente firmados pelas partes.

José Luis Bolzan de Morais e Anarita Araújo da Silveira enumeram algumas características dos procedimentos de solução consensual de conflitos. A primeira é o *caráter confidencial* dos procedimentos, uma vez que são promovidos no contexto de trocas particulares de informações que as partes preferem manter em sigilo. Assim, tudo o que é dito pelas partes ao conciliador/mediador permanece secreto, ao contrário dos procedimentos judiciais que, em princípio, são públicos, salvo determinação legal em contrário. Outra característica é a *informalidade dos procedimentos*, que libera as partes dos estreitos prazos ou de outras exigências limitativas do tempo para amadurecer decisões, ao contrário da estrita formalidade dos procedimentos judiciais. A terceira nota distintiva é a *flexibilidade dos procedimentos*, que permite a tomada da decisão levando em conta o ritmo da evolução do entendimento entre as partes e a possibilidade de considerar no documento final as peculiaridades dos respectivos interesses, ao contrário da rigidez dos procedimentos judiciais que precisam se ater ao que a lei permite. A *menor onerosidade* dos procedimentos é outra vantagem para as partes, por estarem excluídas as custas processuais. A possibilidade da *justiça,* por assim dizer, *personalizada,* já que a decisão se ajusta ao que as partes desejam. Obviamente, sempre alguma exigência legal existe, mas o espaço de decisão, ainda assim, é mais amplo[38]. Apesar de as características enumeradas se apresentarem indistintamente nas formas não judiciais de solução de conflitos, cada uma, como se verá a seguir, possui especificidades.

Antes da análise de cada uma das formas mencionadas, convém, para melhor entendimento, agrupá-las de acordo com algum critério distintivo. Para esse fim, vale recorrer mais uma vez aos autores Bolzan de Morais e Anarita Araújo da Silveira, que, de modo bastante elucidativo, classificam em dois grupos as modalidades de tratamento dos conflitos: os modos *autônomos* e os modos *heterônomos.* A classificação está calcada na titularidade do poder de decidir[39]. Nas formas autônomas o poder está concentrado nas mãos das próprias partes que litigam. Cada uma das partes, individualmente e em nome do seu particular interesse, ou um grupo de pessoas em nome do seu interesse comum, são responsáveis pelo andamento das conversações até o momento da decisão que encerrará a sua controvérsia por meio do acordo. Nesse caso, a decisão é rigorosamente das partes, sem a participação de nenhum outro agente. As partes protagonizam o seu acordo[40]. As formas heterônomas são assim chamadas porque há um terceiro que decide, mesmo que escolhido pelas partes. Quando o terceiro é o juiz as partes apenas se submetem à decisão, estejam ou não satisfeitas. Quando a decisão é de um árbitro eleito pelas partes, o protagonismo destas diminui para dar lugar à decisão de um outro agente, o árbitro, não diretamente envolvido na disputa, mas cuja legitimidade para decidir repousa na confiança que as partes nele depositaram.

---

38. José Luis Bolzan de Morais e Anarita Araújo da Silveira, ob. cit., p. 71.
39. Idem, p. 78.
40. "... Ninguém decide os conflitos mais adequadamente aos respectivos interesses do que os próprios litigantes", João Baptista de Mello e Souza Neto em *Mediação em juizo,* p. 101.

1.1.2.2.1. Arbitragem

Das formas heterônomas, a que interessa no momento focalizar é a arbitragem. Apesar de heterônoma, trata-se de uma verdadeira forma alternativa ou não judicial de composição de controvérsias, pois é a vontade das partes em conflito que afinal prevalece, embora representada pela vontade do árbitro. Difere bastante do procedimento judicial onde a ação impetrada é distribuída a um juiz, não conhecido das partes e muito menos escolhido por elas. Na arbitragem, gozando o árbitro da confiança dos litigantes, a sua decisão tende a ser voluntariamente acolhida, diferentemente da decisão judicial, que é irretorquivelmente imposta, mesmo quando as partes, ou uma delas, discordam dos argumentos apresentados. As pessoas capazes juridicamente podem ser sujeitos na relação de arbitragem, sendo que os direitos passíveis de arbitragem são os patrimoniais disponíveis[41].

A arbitragem, regida pela Lei nº 9.307/1996 (consultar em anexo), é um instrumento particular ou privado de solução de conflitos rigorosamente voluntário; no Brasil ninguém está obrigado a se submeter a juízo arbitral. As características do procedimento arbitral são: a) escolha do árbitro pelos interessados na solução da sua controvérsia; b) decisão emitida pelo árbitro nos limites do poder que lhe foi conferido por vontade dos interessados[42]; c) versar a disputa sobre direitos patrimoniais a respeito dos quais as partes estejam autorizadas, por lei, a dispor; d) imparcialidade do árbitro; e) eficácia da decisão arbitral equivalente à eficácia de sentença judicial.

O procedimento arbitral apresenta três variações. A primeira modalidade é um misto de mediação e arbitragem. As partes litigantes escolhem um mediador, mas se a mediação fracassa e se, nesse caso, o mediador estiver autorizado pelos mesmos litigantes a atuar como árbitro, então a decisão deste ganha caráter de decisão vinculante. A segunda variação submete a decisão do árbitro a um limite mínimo e

---

41. O art. 1º da Lei nº 9.307/1996 (Lei de Arbitragem) diz "As pessoas capazes de contratar poderão valer-se da arbitragem para dirimir litígios relativos a direitos patrimoniais disponíveis".

42. Lei nº 9.307/1996, art. 3º "As partes interessadas podem submeter a solução dos seus litígios ao juízo arbitral mediante convenção de arbitragem, assim entendida a cláusula compromissória e o compromisso arbitral".

máximo, de modo a minimizar as consequências de um laudo arbitral insatisfatório. A terceira variação permite que as partes litigantes acatem ou não a decisão, segundo estejam ou não de acordo com o laudo. Nesse caso, a decisão arbitral fica esvaziada do caráter vinculante, valendo apenas como opinião [43].

A sentença arbitral deve ser bem detalhada[44]. Em primeiro lugar, deve explicitar, passo a passo, o trabalho do árbitro sob forma de relatório. Em seguida, deve apresentar a fundamentação ou motivação da decisão, organizando os argumentos de modo convincente e concludente, tal como ocorre na sentença judicial. Finalmente, o laudo é proferido, limitado ao que foi pedido pelas partes[45]. A sentença arbitral para ser uma peça jurídica respeitável deve estar fundada em pesquisa minuciosa sobre os fatos e sobre o direito envolvidos na questão[46].

---

43. Ver Carlos Alberto Carmona em *Arbitragem e Processo* – um comentário à lei 9.307/96 (2006), 2. ed. atualizada e ampliada, São Paulo: Atlas, p. 53. Ao explicar as consequências da segunda forma de arbitramento, denominada *high-low arbitration,* diz o autor "Este método é usualmente empregado para resolver questões pecuniárias. (...) Assim, se o árbitro fixa uma condenação inferior ao limite estabelecido, a parte vencedora receberá o limite mínimo previamente acordado; se o árbitro estabelecer condenação que ultrapasse o valor máximo previamente pactuado, estará limitada a condenação ao montante (máximo) previamente acordado; e se o árbitro fixar qualquer cifra entre os números balizados pelo acordo, o vencido efetuará o pagamento exato da condenação". São palavras do autor ao comentar a terceira variação da arbitragem denominada *arbitragem não vinculante*: "essa técnica é empregada quando as partes querem, na verdade, uma opinião independente de um terceiro, baseada nos argumentos dos litigantes, sem correrem o risco de uma decisão inaceitável".

44. Lei nº 9.307/1996, art. 26. "São requisitos obrigatórios da sentença arbitral: I – o relatório, que conterá o nome das partes e o resumo do litígio; II – os fundamentos da decisão, onde serão analisadas as questões de fato e de direito, mencionando-se, expressamente, se os árbitros julgaram por equidade; III – o dispositivo em que os árbitros resolverão as questões que lhes foram submetidas e estabelecerão o prazo para cumprimento da decisão, se for o caso; e IV – a data e o lugar em que foi proferida. Parágrafo único. A sentença arbitral será assinada pelo árbitro ou por todos os árbitros. Caberá ao presidente do tribunal arbitral, na hipótese de um ou alguns dos árbitros não poder ou não querer assinar a sentença, certificar tal fato".

45. Ver Carlos Alberto Carmona, ob. cit., p. 293 a 296. Nessas páginas encontram-se referências esclarecedoras para a elaboração de sentença arbitral. Ver também Carlos Eduardo de Vasconcelos, ob. cit., p. 39/40.

46. "Um laudo mal fundamentado, que revele graves equívocos dos julgadores na apreciação dos fatos, não será – *ipso facto* – sujeito à anulação; os árbitros que o proferirem, porém, provavelmente não serão chamados a participar de novos julgamentos", Carlos Alberto Carmona, ob. cit. p. 295.

1.1.2.2.2. Conciliação e Mediação

Não existe no Brasil a cultura da conciliação, nem da mediação, pois como já dito acima, a sociedade brasileira desenvolveu-se acreditando que os litígios só podem ser resolvidos de cima para baixo, por decisão de um juiz de direito[47]. As duas modalidades de solução autônoma de controvérsias são semelhantes em muitos aspectos, contudo, há especificidades que distinguem uma modalidade de outra.

A *conciliação*, como já mencionado, está prevista no Código de Processo Civil, após a reforma, como uma fase preliminar aos procedimentos propriamente processuais. Trata-se de forma mais conhecida do que a da mediação. Os procedimentos são diferentes, embora o resultado venha a ser igual. A conciliação é mais rápida e pode ser obtida nas audiências em juízo. A solução pode surgir das propostas das partes ou da sugestão do conciliador. Mesmo que a tentativa preliminar de conciliação em juízo não produza resultados, em qualquer momento do desenvolvimento da ação processual as partes podem optar pela conciliação. O intermediário da conciliação, que pode, de preferência, ser o advogado, intervém na discussão entre as partes com o objetivo de facilitar para os litigantes a determinação das premissas sobre as quais o acordo se assentará do modo mais satisfatório possível para as partes. O advogado conciliador poderá e deverá opinar tendo em vista auxiliar e orientar o seu constituinte no sentido do melhor acordo. A função do advogado conciliador, na verdade, não está submetida a regras, nem sujeita a limitações previamente impostas pelas partes. O seu papel é de mero facilitador da solução negociada. Em todo caso, cabe ao conciliador explicitar o que pensa a respeito do encaminhamento da negociação, como também opinar a respeito do teor do acordo[48].

47. Comentando o fato de que "a sociedade brasileira está acostumada e acomodada ao litígio e ao célebre pressuposto básico de que a justiça só se alcança a partir da decisão proferida pelo juiz togado", conclui o autor Adolfo Braga Neto "Tudo isso é fruto de paradigmas na nossa sociedade, onde ela está estruturada e de onde provém o seu próprio equilíbrio interno. Nada mais lógico, portanto, que enveredar pelo caminho do preconceito, já que o novo é muito desconhecido e poderá levar a resultados inesperados ou mesmo imprevisíveis", Alguns Aspectos Relevantes sobre a Mediação de Conflitos, em *Mediação e Gerenciamento do Processo:* Revolução na Prestação Jurisdicional , coordenação de Ada Pellegrini Grinover e outros, São Paulo: Atlas, 2007, p. 64.

48. Para mais informações a respeito da prática da conciliação consulte-se *Mediação em*

A conciliação é aplicável a situações tais como acidentes de trânsito, onde as partes não se conhecem, pois a sua relação é esporádica, quer dizer, sem vínculos no passado. Costuma-se fazer uso da conciliação também em eventuais relações de consumo. São casos em que do único que as partes necessitam é de um conciliador experiente que as auxilie a sair rapidamente da situação embaraçosa, evitando formas litigiosas lentas e complexas.

Na verdade os conciliadores agem de modo mais intuitivo que técnico, embora a sua atuação tenha autoridade, pois, ao longo do processo de conciliação, faz recomendações e apresenta soluções. A finalidade da conciliação é o acordo, em vista do qual conciliador e partes envolvidas se esforçam. Costuma ser uma modalidade mais rápida de solução de controvérsias, mas, por ser pouco elaborada, não possui a mesma eficácia da mediação[49].

A *mediação* tem características que a distinguem de qualquer das demais formas de negociação. É a mais autônoma das modalidades de solução pacífica de conflitos, porque o mediador escolhido pelas partes não interfere em nenhum momento da discussão nem participa da tomada de decisão ou dos termos do acordo. É um procedimento mais longo também, pois o conflito a ser tratado se estendeu no tempo, criando ressentimentos e tornando difícil ou quase impossível a conversa entre as partes. Daí a necessidade de uma fase preliminar onde são explicados os passos a serem seguidos, de modo a estimular nas partes a confiança nas técnicas e no próprio mediador. Na verdade, não cabe ao mediador emitir qualquer opinião, mas apenas informar às partes a regulamentação jurídica vigente aplicável à espécie, com o objetivo de facilitar a decisão, que é da estrita responsabilidade das partes. Cabe ao mediador avaliar as opções oferecidas pelos mediandos. Pode ocorrer de o advogado mediador ser único para ambos os lados na disputa. Nesse caso, é incumbência sua facilitar a tomada de decisão, de sorte que permita na medida do possível,

---

juízo: abordagem prática para obtenção de um acordo justo, de João Baptista de Mello e Souza Neto, São Paulo: Atlas, 2000 e *Mediação de conflitos e práticas restaurativas*, Carlos Eduardo Vasconcelos, ob. cit.

49. Cf. Carlos Eduardo Vasconcelos, ob. cit., p. 38/39.

aos mediandos se sentirem igualmente satisfeitos[50]. Os conflitos passíveis de mediação são os que ocorrem nos ambientes da família, do trabalho, da empresa e demais organizações.

Cabe ressaltar que a mediação não está centrada no acordo, mas sim na relação entre os mediandos. Por esse motivo, em lugar de aconselhar ou fazer o discurso da tolerância e da contemporização, o mediador deve saber ouvir e fazer perguntas que facilitem aos mediandos rever suas posições iniciais e identificar as reais razões do desentendimento. A mediação não resolve o conflito, mas o transforma, tornando-o, digamos, palatável para os interessados. A mediação segundo o modelo acima pode e deve ser utilizada como instrumento de justiça restaurativa nos Juizados Especiais Criminais. Verifica-se tendência em muitos países para incorporar, de maneira organizada, a mediação penal que focaliza a relação entre agressor e vítima. O processo de mediação nesses casos pode envolver a comunidade no contexto da qual ocorreu o conflito. Nesse ambiente o objetivo é criar condições para o diálogo, reparar danos e restaurar a relação. A aplicação da mediação tem sido aplicada na fase inicial dos processos sobre crimes cujas penas privativas de liberdade não ultrapassam dois anos, ou quando podem ser aplicadas medidas alternativas à prisão[51].

A sumária descrição acima das formas negociadas de conflito visa, na verdade, frisar que o encaminhamento de decisões para a solução de conflitos demanda da parte do mediador/conciliador uma capacitação especial. Além de conhecimentos interdisciplinares nas áreas da sociologia, da psicologia, da ciência da comunicação, exige-se o gosto pela pesquisa jurídica, teórica, legislativa e até mesmo jurisprudencial, pois, ao final, é possível que a solução fique materializada no acordo. Ademais do conteúdo, a forma do acordo é importante. Deverá o documento ser redigido pelo mesmo advogado mediador/conciliador. Tal como qualquer peça jurídica ou jurídico-processual, os acordos, do mesmo

50. Ver a esse respeito *Em nome do acordo:* a mediação no direito, Luis Alberto Warat, organizador, editada pela Asociación Latinoamericana de Mediación, Metodología y Enseñanza del Derecho (Almed), 2. ed., Argentina, 1999. Também, *Mediação e gerenciamento do processo:* revolução na prestação jurisdicional, coordenação de Ada Pellegrini Grinover e outros, São Paulo: Atlas, 2007.

51. Cf. Carlos Eduardo Vasconcelos, ob. cit., p. 37.

modo que os laudos periciais, por exemplo, exigem precisão, objetividade e clareza. Para desenvolver essas qualidades na sua redação, o operador do direito antes deverá analisar com atenção todos os elementos de fato e todas as possibilidades que a lei e a jurisprudência oferecem, de modo a tornar inteligível e isento de dubiedades o documento final do acordo, assegurando às partes, ou em especial ao seu cliente, a satisfação dos interesses respectivos[52].

1.1.2.3. O advogado consultor e o parecer

A consultoria é uma das atividades inerentes à atividade do profissional advogado. Consiste em analisar uma questão polêmica ou, pelo menos, a respeito da qual não se tem certeza da solução e oferecer parecer conclusivo a respeito do caso.

Normalmente os pareceres são solicitados de especialistas em determinada área do direito, notórios por sua experiência e tirocínio. Por esse motivo, os grandes pareceristas são, a um só tempo, advogados com larga e bem-sucedida trajetória no nível da prática jurídica que aliam a essa experiência no trato dos conflitos jurídicos um denso conhecimento teórico. O advogado não começa como parecerista, pois essa é uma atividade que coroa uma vida profissional, desde que reunidas as condições que fazem do profissional um *expert* em áreas do direito às quais se dedicou especialmente.

O parecer costuma ser solicitado aos especialistas renomados, seja por outros advogados, seja por órgãos públicos ou privados. A consulta pode ser feita por um advogado quando, em face de um caso difícil, solicita do colega especialista uma opinião que será possivelmente utilizada para embasar uma tese de defesa. Procuradores de órgãos públicos ou privados muitas vezes recorrem a essa estratégia na busca de subsídios para reforçar uma argumentação, ou tomar uma decisão sobre o encaminhamento de caso.

A consulta, muito embora não esteja sujeita a regras rígidas quanto a sua formulação, precisa ser proposta de modo claro o suficiente para ensejar um parecer consistente. Sendo assim, normalmente a consulta começa

52. Ver nos anexos modelo de acordo. Ver ainda a distinção detalhada por Carlos Eduardo de Vasconcelos entre conciliação e mediação, ob. cit., capítulo III.

com a descrição da situação contendo detalhes supostamente relevantes do ponto de vista jurídico. Quem pede o parecer deve ter estudado de antemão o caso, de modo a estar em condições de encaminhar ao consultor indagações pertinentes, ou seja, indagações que efetivamente elucidem as suas dúvidas. Cabe portanto ao advogado solicitante do parecer uma pesquisa prévia nas fontes do direito. De fato, é essa interpretação primeira que dará ao advogado a exata medida da dificuldade do caso, do caráter polêmico que envolve um ou mais dos aspectos do mesmo. A partir dessa abordagem decide-se pela solicitação da consulta.

Após a descrição a consulta destacará, sob forma de perguntas, os pontos que deseja elucidar. Essas indagações, o mais objetivas que se conseguir, serão tantas quantas forem necessárias para esclarecer as dúvidas. As consultas, via de regra, visam a três objetivos: 1) angariar, na opinião de consultor no qual o solicitante deposita confiança, subsídios para tecer uma tese em favor de interesse determinado; 2) corroborar uma tese já estruturada ou esboçada; 3) enriquecer a tese com novos argumentos.

Na verdade, a consulta não é feita ingenuamente, ou seja, sem intenção de orientá-la para um lado ou para outro. Pelo contrário, a consulta visa encontrar resposta favorável ao interesse que o advogado solicitante está em vias de aceitar patrocinar ou já aceitou. Nessas condições, as perguntas são formuladas no sentido de propiciar, se possível, a resposta que facilitará a defesa do interesse em questão.

O parecer é o termo final da interpretação do direito e do fato empreendida pelo consultor. O estudo que o consultor realiza está comumente orientado pelos quesitos formulados na consulta, mas pode não se limitar a isso. O consultor muitas vezes desdobra a análise no sentido de tornar claros os aspectos obscuros da questão e de tomar posição na polêmica em torno do assunto.

O parecer vale para quem o pediu como uma opinião abalizada, contudo, dependendo do teor do parecer, dos argumentos apresentados, quem o solicitou pode vir a acatá-lo ou não. Pode acatá-lo no seu conjunto ou em parte.

A leitura de pareceres proferidos por juristas dotados de autoridade em suas respectivas áreas é um exercício muito válido para bacharéis iniciantes na profissão de advogado, como também para alunos de graduação. Trata-se de leitura que acrescenta sob dois aspectos: a) é um exemplo de pesquisa que trabalha com habilidade os recursos técnico-jurídicos no mesmo passo em que explicita um considerável conhecimento teórico; b) é exemplo, quase sempre, de destreza formal, quer dizer, faz uso da linguagem jurídica com precisão e clareza, de sorte a que os argumentos se apresentem persuasivos, pertinentes e concludentes.

Modelo de projeto de pesquisa científica

Projeto de Pesquisa
Curso de Direito

Título – Reforma do Poder Judiciário no contexto da Reforma do Estado: desafios

Coordenadora: Profa. Maria Guadalupe Piragibe da Fonseca
Número de alunos participantes: 4
Programa de Iniciação Científica - PIBIC/IBMEC-RJ
Rio de Janeiro -2006

Justificativa

A reforma do Estado brasileiro encontra-se em andamento. São várias as dimensões do Estado que merecem ou exigem uma revisão, algumas mais prementes que outras. Na verdade, reformas, tais como a agrária, a tributária, a urbanística, a trabalhista, a judiciária, acham-se interligadas. Afinal, todas dizem respeito, muito de perto, ao cotidiano da vida das pessoas, dadas as consequências importantes para a segurança, a certeza e ao mesmo tempo a autonomia no campo das relações sociais.

O Poder Judiciário, muito especialmente, está a exigir mudanças urgentes. As alterações do âmbito do Judiciário nem sempre são percebidas pela maioria dos usuários da justiça, ou são percebidas em parte e por isso mesmo de modo truncado e insuficiente. Contudo, são, eles mesmos, os usuários ou sujeitos dos processos que tramitam no Poder

Judiciário as maiores vítimas da lentidão e inadequação da justiça. Há de se considerar, entretanto, que também os agentes desse órgão do poder se sentem cada vez mais cobrados – sejam eles juízes ou serventuários do Judiciário – relativamente à qualidade dos serviços prestados.

A reforma do Poder Judiciário tramita desde 1992 e só recentemente alguns pontos foram votados pelo Legislativo. Os dois mais importantes itens são o controle externo da magistratura e as súmulas vinculantes do Supremo Tribunal Federal. Foi instalado o Conselho Nacional de Justiça, órgão do controle externo, que vem adotando medidas de saneamento do Poder Judiciário, tais como a proibição de os juízes contratarem parentes para cargos de confiança.

A resistência oposta pelos membros do Poder Judiciário a qualquer pequena mudança da sua estrutura e funcionamento foi muito grande no início. Cedeu com o tempo em face da pressão feita por setores da sociedade civil e da repercussão na mídia dos muitos debates sobre as mazelas que afligem o Poder Judiciário. Hoje a situação é diferente. Não há juiz, desembargador ou ministro do Poder Judiciário que negue a necessidade da reforma, embora discutam o como da mesma. Aparentemente aceitam suas deficiências e defasagens, mas relutam em abrir mão de privilégios enraizados.

Nessas condições, é importante, hoje, acompanhar o prosseguimento da reforma, partindo da análise do que já foi feito para avaliação dos resultados e para apreciação do que deve ser corrigido e/ou acrescentado. A rigor, os problemas no interior do Poder Judiciário são fruto das deficiências de um sistema obsoleto sem correspondência com a realidade. Não se trata, pois, de culpar pessoalmente os agentes desse poder do Estado, mas de detectar os pontos falhos do sistema para torná-lo, a um só tempo, ágil, competente e impermeável a abusos.

Joaquim de Arruda Falcão diz que a reforma do Poder Judiciário tem várias frentes e que para cada uma delas é preciso desenvolver uma estratégia de abordagem. Na verdade, se entendemos a crise da justiça como sistêmica, temos de abordar a ineficiência acima mencionada como uma manifestação dessa crise no interior do sistema. Por que tanta lentidão, ineficiência, e defasagem? Uma das razões apresentadas pelos estudiosos do assunto é que o acesso à justiça tendo se ampliado, o número de demandas cresceu, mas, paradoxalmente, não cresceu na mesma proporção a máquina judiciária capaz de prestar um serviço adequado.

Por outro lado, um dos agentes que mais demanda o Poder Judiciário é o próprio Estado através da sua Administração Pública (AP). Quer como réu, quer como autor, a presença da AP na justiça é significativa, para não dizer exagerada.

Objetivo Geral

O presente projeto tem por objetivo comprovar duas afirmações que vêm sendo feitas a respeito das causas do emperramento do Poder Judiciário: uma, o crescimento do número de ações judiciais de um modo geral; a segunda, a especial presença da AP, quer como autora, quer como ré nas demandas judiciais.

Objetivos específicos

1. *Ler* e *analisar* todos os documentos que foram encaminhados até o momento relativos à reforma do Poder Judiciário, desde 1992, com ênfase no documento final que informou a emenda à Constituição;
2. *levantar,* no Supremo Tribunal Federal (STF) e no Superior Tribunal de Justiça (STJ), a partir dos cinco últimos anos, as ações movidas pela Administração Pública ou nas quais ela é demandada;
3. *detectar* o grau de crescimento das demandas judiciais, nos últimos cinco anos, nos Juizados Especiais Cíveis do Estado do Rio de Janeiro.

Metodologia

A metodologia prioriza:

a) a análise dos textos;

– textos da reforma do Poder Judiciário;

– Emenda Constitucional, nº 45/2004;

– comentários da reforma (coletânea de textos publicada em 2005);

b) o levantamento de dados judiciais e posterior análise.

Obs. A pesquisa privilegia os feitos em grau de recurso nos tribunais superiores, pois é nesse nível que, provavelmente, se encontrará um número expressivo de demandas em cujos polos se encontre a Administração Pública. Escolheu-se, por outro lado, os Juizados Especiais Cíveis porque há uma tendência de esses Juizados atualmente perderem em agilidade dado o número crescente de ações ali ajuizadas. No Estado do Rio de Janeiro, pela maior facilidade de acesso.

Hipótese de trabalho

O *crescimento da demanda judicial*, por um lado, e por outro, a *cultura corporativa* que marca o Poder Judiciário contribuem para a deficiência desse órgão do Estado. Quais os sintomas da deficiência? O déficit de agilidade que coloca em risco a finalidade do Judiciário de prestar justiça; o déficit de democracia que se manifesta na tendência ao fechamento do Poder judiciário para a realidade e o apego aos privilégios da função.

Etapas

1. Leitura e análise dos textos
2. Levantamento das ações judiciais
3. Análise dos dados coletados
4. Relatório das conclusões

Cronograma

Atividades 2006 2007 (meses)

meses	7	8	9	10	11	2	3	4	5	6	7	8	9	10	11
Levantamento bibl.	x	x	x												
Leitura textos	x	x	x	x											
Levantamento dos dados	x	x	x	x	x	x	x	x	x						
Análise dos dados						x	x	x	x	x	x				
Relatório conclusões											x	x			
Apresentação JIC					x										x

Bibliografia consultada

1. Textos da reforma do Poder Judiciário.

2. Emenda Constitucional nº 45/2004.

3. RENAULT, Sérgio R. T. e outro (org.) *Reforma do judiciário*, Saraiva: São Paulo, 2005.

4. GARAPON, Antoine (1996), *Le Gardien des promesses - justice e démocratie*, Paris: Éditions Odile Jacob.

5. GUARNIERI, Carlo e PEDERZOLI, Patúzia (1996), *La puissance de juger*, Paris: Éditions Michalon.

6. POUVOIRS, revue trimestrielle d'études constitutionnelles et Politiques. nº 74, Paris: *Les Juges*.

Lei nº 9.307, de 23 de setembro de 1996*

* Publicada no *DOU* de 24 de setembro de 1996.

Dispõe sobre a arbitragem

O Presidente da República: Faço saber que o Congresso Nacional decreta e eu sanciono a seguinte Lei:

Capítulo I

Disposições Gerais

Art. 1 As pessoas capazes de contratar poderão valer-se da arbitragem para dirimir litígios relativos a direitos patrimoniais disponíveis.

Art. 2 A arbitragem poderá ser de direito ou de equidade, a critério das partes.

§ 1º Poderão as partes escolher, livremente, as regras de direito que serão aplicadas na arbitragem, desde que não haja violação aos bons costumes e à ordem pública.

§ 2º Poderão, também, as partes convencionar que a arbitragem se realize com base nos princípios gerais de direito, nos usos e costumes e nas regras internacionais de comércio.

Capítulo II

Da Convenção de Arbitragem e seus Efeitos

Art. 3 As partes interessadas podem submeter a solução de seus litígios ao juízo arbitral mediante convenção de arbitragem, assim entendida a cláusula compromissória e o compromisso arbitral.

Art. 4 A cláusula compromissória é a convenção através da qual as partes em um contrato comprometem-se a submeter à arbitragem os litígios que possam vir a surgir, relativamente a tal contrato.

§ 1º A cláusula compromissória deve ser estipulada por escrito, podendo estar inserta no próprio contrato ou em documento apartado que a ele se refira.

§ 2º Nos contratos de adesão, a cláusula compromissória só terá eficácia se o aderente tomar a iniciativa de instituir a arbitragem ou concordar, expressamente, com a sua instituição, desde que por escrito em documento anexo ou em negrito, com a assinatura ou visto especialmente para essa cláusula.

Art. 5 Reportando-se as partes, na cláusula compromissória, às regras de algum órgão arbitral institucional ou entidade especializada, a arbitragem será instituída e processada de acordo com tais regras, podendo, igualmente, as partes estabelecer na própria cláusula, ou em outro documento, a forma convencionada para a instituição da arbitragem.

Art. 6 Não havendo acordo prévio sobre a forma de instituir a arbitragem, a parte interessada manifestará à outra parte sua intenção de dar início à arbitragem, por via postal ou por outro meio qualquer de comunicação, mediante comprovação de recebimento, convocando-a para, em dia, hora e local certos, firmar o compromisso arbitral.

Parágrafo único. Não comparecendo a parte convocada ou, comparecendo, recusar-se a firmar o compromisso arbitral, poderá a outra parte propor a demanda de que trata o art. 7º desta Lei, perante o órgão do Poder Judiciário a que, originariamente, tocaria o julgamento da causa.

Art. 7 Existindo cláusula compromissória e havendo resistência quanto à instituição da arbitragem, poderá a parte interessada requerer a citação da outra parte para comparecer em juízo a fim de lavrar-se o compromisso, designando o juiz audiência especial para tal fim.

§ 1º O autor indicará, com precisão, o objeto da arbitragem, instruindo o pedido com o documento que contiver a cláusula compromissória.

§ 2º Comparecendo as partes à audiência, o juiz tentará, previamente, a conciliação acerca do litígio. Não obtendo sucesso, tentará o juiz conduzir as partes à celebração, de comum acordo, do compromisso arbitral.

§ 3º Não concordando as partes sobre os termos do compromisso, decidirá o juiz, após ouvir o réu, sobre seu conteúdo, na própria audiência ou no prazo de dez dias, respeitadas as disposições da cláusula compromissória e atendendo ao disposto nos arts. 10 e 21, § 2º, desta Lei.

§ 4º Se a cláusula compromissória nada dispuser sobre a nomeação de árbitros, caberá ao juiz, ouvidas as partes, estatuir a respeito, podendo nomear árbitro único para a solução do litígio.

§ 5º A ausência do autor, sem justo motivo, à audiência designada para a lavratura do compromisso arbitral, importará a extinção do processo sem julgamento de mérito.

§ 6º Não comparecendo o réu à audiência, caberá ao juiz, ouvido o autor, estatuir a respeito do conteúdo do compromisso, nomeando árbitro único.

§ 7º A sentença que julgar procedente o pedido valerá como compromisso arbitral.

Art. 8 A cláusula compromissória é autônoma em relação ao contrato em que estiver inserta, de tal sorte que a nulidade deste não implica, necessariamente, a nulidade da cláusula compromissória.

Parágrafo único. Caberá ao árbitro decidir de ofício, ou por provocação das partes, as questões acerca da existência, validade e eficácia da convenção de arbitragem e do contrato que contenha a cláusula compromissória.

Art. 9 O compromisso arbitral é a convenção através da qual as partes submetem um litígio à arbitragem de uma ou mais pessoas, podendo ser judicial ou extrajudicial.

§ 1º O compromisso arbitral judicial celebrar-se-á por termo nos autos, perante o juízo ou tribunal, onde tem curso a demanda.

§ 2º O compromisso arbitral extrajudicial será celebrado por escrito particular, assinado por duas testemunhas, ou por instrumento público.

Art. 10 Constará, obrigatoriamente, do compromisso arbitral:

I – o nome, profissão, estado civil e domicílio das partes;

II – o nome, profissão e domicílio do árbitro, ou dos árbitros, ou, se for o caso, a identificação da entidade à qual as partes delegaram a indicação de árbitros;

III – a matéria que será objeto da arbitragem; e

IV – o lugar em que será proferida a sentença arbitral.

Art. 11 Poderá, ainda, o compromisso arbitral conter:

I – local, ou locais, onde se desenvolverá a arbitragem;

II – a autorização para que o árbitro ou os árbitros julguem por equidade, se assim for convencionado pelas partes;

III – o prazo para apresentação da sentença arbitral;

IV – a indicação da lei nacional ou das regras corporativas aplicáveis à arbitragem, quando assim convencionarem as partes;

V – a declaração da responsabilidade pelo pagamento dos honorários e das despesas com a arbitragem; e

VI – a fixação dos honorários do árbitro, ou dos árbitros.

Parágrafo único. Fixando as partes os honorários do árbitro, ou dos árbitros, no compromisso arbitral, este constituirá título executivo extrajudicial; não havendo tal estipulação, o árbitro requererá ao órgão do Poder Judiciário que seria competente para julgar, originariamente, a causa que os fixe por sentença.

Art. 12 Extingue-se o compromisso arbitral:

I – escusando-se qualquer dos árbitros, antes de aceitar a nomeação, desde que as partes tenham declarado, expressamente, não aceitar substituto;

II – falecendo ou ficando impossibilitado de dar seu voto algum dos árbitros, desde que as partes declarem, expressamente, não aceitar substituto; e

III – tendo expirado o prazo a que se refere o art. 11, inciso III, desde que a parte interessada tenha notificado o árbitro, ou o presidente do tribunal arbitral, concedendo-lhe o prazo de dez dias para a prolação e apresentação da sentença arbitral.

Capítulo III
Dos Árbitros

Art. 13 Pode ser árbitro qualquer pessoa capaz e que tenha a confiança das partes.

§ 1º As partes nomearão um ou mais árbitros, sempre em número ímpar, podendo nomear, também, os respectivos suplentes.

§ 2º Quando as partes nomearem árbitros em número par, estes estão autorizados, desde logo, a nomear mais um árbitro. Não havendo acordo, requererão as partes ao órgão do Poder Judiciário a que tocaria, originariamente, o julgamento da causa a nomeação do árbitro, aplicável, no que couber, o procedimento previsto no art. 7º desta Lei.

§ 3º As partes poderão, de comum acordo, estabelecer o processo de escolha dos árbitros, ou adotar as regras de um órgão arbitral institucional ou entidade especializada.

§ 4º Sendo nomeados vários árbitros, estes, por maioria, elegerão o presidente do tribunal arbitral. Não havendo consenso, será designado presidente o mais idoso.

Lei nº 9.307, de 23 de setembro de 1996

§ 5º O árbitro ou o presidente do tribunal designará, se julgar conveniente, um secretário, que poderá ser um dos árbitros.

§ 6º No desempenho de sua função, o árbitro deverá proceder com imparcialidade, independência, competência, diligência e discrição.

§ 7º Poderá o árbitro ou o tribunal arbitral determinar às partes o adiantamento de verbas para despesas e diligências que julgar necessárias.

Art. 14 Estão impedidos de funcionar como árbitros as pessoas que tenham, com as partes ou com o litígio que lhes for submetido, algumas das relações que caracterizam os casos de impedimento ou suspeição de juízes, aplicando-se-lhes, no que couber, os mesmos deveres e responsabilidades, conforme previsto no Código de Processo Civil.

§ 1º As pessoas indicadas para funcionar como árbitro têm o dever de revelar, antes da aceitação da função, qualquer fato que denote dúvida justificada quanto à sua imparcialidade e independência.

§ 2º O árbitro somente poderá ser recusado por motivo ocorrido após sua nomeação. Poderá, entretanto, ser recusado por motivo anterior à sua nomeação, quando:

a) não for nomeado, diretamente, pela parte; ou

b) o motivo para a recusa do árbitro for conhecido posteriormente à sua nomeação.

Art. 15 A parte interessada em arguir a recusa do árbitro apresentará, nos termos do art. 20, a respectiva exceção, diretamente ao árbitro ou ao presidente do tribunal arbitral, deduzindo suas razões e apresentando as provas pertinentes.

Parágrafo único. Acolhida a exceção, será afastado o árbitro suspeito ou impedido, que será substituído, na forma do art. 16 desta Lei.

Art. 16 Se o árbitro escusar-se antes da aceitação da nomeação, ou, após a aceitação, vier a falecer, tornar-se impossibilitado para o exercício da função, ou for recusado, assumirá seu lugar o substituto indicado no compromisso, se houver.

§ 1º Não havendo substituto indicado para o árbitro, aplicar-se-ão as regras do órgão arbitral institucional ou entidade especializada, se as partes as tiverem invocado na convenção de arbitragem.

§ 2º Nada dispondo a convenção de arbitragem e não chegando as partes a um acordo sobre a nomeação do árbitro a ser substituído, procederá a parte interessada da forma prevista no art. 7º desta Lei, a menos que as partes tenham declarado, expressamente, na convenção de arbitragem, não aceitar substituto.

Art. 17 Os árbitros, quando no exercício de suas funções ou em razão delas, ficam equiparados aos funcionários públicos, para os efeitos da legislação penal.

Art. 18 O árbitro é juiz de fato e de direito, e a sentença que proferir não fica sujeita a recurso ou a homologação pelo Poder Judiciário.

Capítulo IV
Do Procedimento Arbitral

Art. 19 Considera-se instituída a arbitragem quando aceita a nomeação pelo árbitro, se for único, ou por todos, se forem vários.

Parágrafo único. Instituída a arbitragem e entendendo o árbitro ou o tribunal arbitral que há necessidade de explicitar alguma questão disposta na convenção de arbitragem, será elaborado, juntamente com as partes, um adendo, firmado por todos, que passará a fazer parte integrante da convenção de arbitragem.

Art. 20 A parte que pretender arguir questões relativas à competência, suspeição ou impedimento do árbitro ou dos árbitros, bem como nulidade, invalidade ou ineficácia da convenção de arbitragem, deverá fazê-lo na primeira oportunidade que tiver de se manifestar, após a instituição da arbitragem.

§ 1º Acolhida a arguição de suspeição ou impedimento, será o árbitro substituído nos termos do art. 16 desta Lei, reconhecida a incompetência do árbitro ou do tribunal arbitral, bem como a nulidade, invalidade ou ineficácia da convenção de arbitragem, serão as partes remetidas ao órgão do Poder Judiciário competente para julgar a causa.

§ 2º Não sendo acolhida a arguição, terá normal prosseguimento a arbitragem, sem prejuízo de vir a ser examinada a decisão pelo órgão do Poder Judiciário competente, quando da eventual propositura da demanda de que trata o art. 33 desta Lei.

Art. 21 A arbitragem obedecerá ao procedimento estabelecido pelas partes na convenção de arbitragem, que poderá reportar-se às regras de um órgão arbitral institucional ou entidade especializada, facultando-se, ainda, às partes delegar ao próprio árbitro, ou ao tribunal arbitral, regular o procedimento.

§ 1º Não havendo estipulação acerca do procedimento, caberá ao árbitro ou ao tribunal arbitral discipliná-lo.

§ 2º Serão, sempre, respeitados no procedimento arbitral os princípios do contraditório, da igualdade das partes, da imparcialidade do árbitro e de seu livre convencimento.

§ 3º As partes poderão postular por intermédio de advogado, respeitada, sempre, a faculdade de designar quem as represente ou assista no procedimento arbitral.

§ 4º Competirá ao árbitro ou ao tribunal arbitral, no início do procedimento, tentar a conciliação das partes, aplicando-se, no que couber, o art. 28 desta Lei.

Art. 22 Poderá o árbitro ou o tribunal arbitral tomar o depoimento das partes, ouvir testemunhas e determinar a realização de perícias ou outras provas que julgar necessárias, mediante requerimento das partes ou de ofício.

§ 1º O depoimento das partes e das testemunhas será tomado em local, dia e hora previamente comunicados, por escrito, e reduzido a termo, assinado pelo depoente, ou a seu rogo, e pelos árbitros.

§ 2º Em caso de desatendimento, sem justa causa, da convocação para prestar depoimento pessoal, o árbitro ou o tribunal arbitral levará em consideração o comportamento da parte faltosa, ao proferir sua sentença; se a ausência for de testemunha, nas mesmas circunstâncias, poderá o árbitro ou o presidente do tribunal arbitral requerer à autoridade judiciária que conduza a testemunha renitente, comprovando a existência da convenção de arbitragem.

§ 3º A revelia da parte não impedirá que seja proferida a sentença arbitral.

§ 4º Ressalvado o disposto no § 2º, havendo necessidade de medidas coercitivas ou cautelares, os árbitros poderão solicitá-las ao órgão do Poder Judiciário que seria, originariamente, competente para julgar a causa.

§ 5º Se, durante o procedimento arbitral, um árbitro vier a ser substituído fica a critério do substituto repetir as provas já produzidas.

Capítulo V

Da Sentença Arbitral

Art. 23 A sentença arbitral será proferida no prazo estipulado pelas partes. Nada tendo sido convencionado, o prazo para a apresentação da sentença é de seis meses, contado da instituição da arbitragem ou da substituição do árbitro.

Parágrafo único. As partes e os árbitros, de comum acordo, poderão prorrogar o prazo estipulado.

Art. 24 A decisão do árbitro ou dos árbitros será expressa em documento escrito.

§ 1º Quando forem vários os árbitros, a decisão será tomada por maioria. Se não houver acordo majoritário, prevalecerá o voto do presidente do tribunal arbitral.

§ 2º O árbitro que divergir da maioria poderá, querendo, declarar seu voto em separado.

Art. 25 Sobrevindo no curso da arbitragem controvérsia acerca de direitos indisponíveis e verificando-se que de sua existência, ou não, dependerá o julgamento, o árbitro ou o tribunal arbitral remeterá as partes à autoridade competente do Poder Judiciário, suspendendo o procedimento arbitral.

Parágrafo único. Resolvida a questão prejudicial e juntada aos autos a sentença ou acórdão transitados em julgado, terá normal seguimento a arbitragem.

Art. 26 São requisitos obrigatórios da sentença arbitral:

I – o relatório, que conterá os nomes das partes e um resumo do litígio;

II – os fundamentos da decisão, onde serão analisadas as questões de fato e de direito, mencionando-se, expressamente, se os árbitros julgaram por equidade;

III – o dispositivo, em que os árbitros resolverão as questões que lhes forem submetidas e estabelecerão o prazo para o cumprimento da decisão, se for o caso; e

IV – a data e o lugar em que foi proferida.

Parágrafo único. A sentença arbitral será assinada pelo árbitro ou por todos os árbitros. Caberá ao presidente do tribunal arbitral, na hipótese de um ou alguns dos árbitros não poder ou não querer assinar a sentença, certificar tal fato.

Art. 27 A sentença arbitral decidirá sobre a responsabilidade das partes acerca das custas e despesas com a arbitragem, bem como sobre verba decorrente de litigância de má-fé, se for o caso, respeitadas as disposições da convenção de arbitragem, se houver.

Art. 28 Se, no decurso da arbitragem, as partes chegarem a acordo quanto ao litígio, o árbitro ou o tribunal arbitral poderá, a pedido das partes, declarar tal fato mediante sentença arbitral, que conterá os requisitos do art. 26 desta Lei.

Art. 29 Proferida a sentença arbitral, dá-se por finda a arbitragem, devendo o árbitro, ou o presidente do tribunal arbitral, enviar cópia da decisão às partes, por via postal ou por outro meio qualquer de comunicação, mediante comprovação de recebimento, ou, ainda, entregando-a diretamente às partes, mediante recibo.

Art. 30 No prazo de cinco dias, a contar do recebimento da notificação ou da ciência pessoal da sentença arbitral, a parte interessada, mediante comunicação à outra parte, poderá solicitar ao árbitro ou ao tribunal arbitral que:

I – corrija qualquer erro material da sentença arbitral;

II – esclareça alguma obscuridade, dúvida ou contradição da sentença arbitral, ou se pronuncie sobre ponto omitido a respeito do qual devia manifestar-se a decisão.

Parágrafo único. O árbitro ou o tribunal arbitral decidirá, no prazo de dez dias, aditando a sentença arbitral e notificando as partes na forma do art. 29.

Art. 31 A sentença arbitral produz, entre as partes e seus sucessores, os mesmos efeitos da sentença proferida pelos órgãos do Poder Judiciário e, sendo condenatória, constitui título executivo.

Art. 32 É nula a sentença arbitral se:

I – for nulo o compromisso;

II – emanou de quem não podia ser árbitro;

III – não contiver os requisitos do art. 26 desta Lei;

IV – for proferida fora dos limites da convenção de arbitragem;

V – não decidir todo o litígio submetido à arbitragem;

VI – comprovado que foi proferida por prevaricação, concussão ou corrupção passiva;

VII – proferida fora do prazo, respeitado o disposto no art. 12, inciso III, desta Lei; e

VIII – forem desrespeitados os princípios de que trata o art. 21, § 2º, desta Lei.

Art. 33 A parte interessada poderá pleitear ao órgão do Poder Judiciário competente a decretação da nulidade da sentença arbitral, nos casos previstos nesta Lei.

§ 1º A demanda para a decretação de nulidade da sentença arbitral seguirá o procedimento comum, previsto no Código de Processo Civil, e deverá ser proposta no prazo de até noventa dias após o recebimento da notificação da sentença arbitral ou de seu aditamento.

§ 2º A sentença que julgar procedente o pedido:

I – decretará a nulidade da sentença arbitral, nos casos do art. 32, incisos I, II, VI, VII e VIII;

II – determinará que o árbitro ou o tribunal arbitral profira novo laudo, nas demais hipóteses.

§ 3º A decretação da nulidade da sentença arbitral também poderá ser arguida mediante ação de embargos do devedor, conforme o art. 741 e seguintes do Código de Processo Civil, se houver execução judicial.

Capítulo VI

Do Reconhecimento e Execução de Sentenças Arbitrais Estrangeiras

Art. 34. A sentença arbitral estrangeira será reconhecida ou executada no Brasil de conformidade com os tratados internacionais com eficácia no ordenamento interno e, na sua ausência, estritamente de acordo com os termos desta Lei.

Parágrafo único. Considera-se sentença arbitral estrangeira a que tenha sido proferida fora do território nacional.

Art. 35 Para ser reconhecida ou executada no Brasil, a sentença arbitral estrangeira está sujeita, unicamente, à homologação do Supremo Tribunal Federal.

Lei nº 9.307, de 23 de setembro de 1996

Art. 36 Aplica-se à homologação para reconhecimento ou execução de sentença arbitral estrangeira, no que couber, o disposto nos arts. 483 e 484 do Código de Processo Civil.

Art. 37 A homologação de sentença arbitral estrangeira será requerida pela parte interessada, devendo a petição inicial conter as indicações da lei processual, conforme o art. 282 do Código de Processo Civil, e ser instruída, necessariamente, com:

I – o original da sentença arbitral ou uma cópia devidamente certificada, autenticada pelo consulado brasileiro e acompanhada de tradução oficial;

II – o original da convenção de arbitragem ou cópia devidamente certificada, acompanhada de tradução oficial.

Art. 38 Somente poderá ser negada a homologação para o reconhecimento ou execução de sentença arbitral estrangeira, quando o réu demonstrar que:

I – as partes na convenção de arbitragem eram incapazes;

II – a convenção de arbitragem não era válida segundo a lei à qual as partes a submeteram, ou, na falta de indicação, em virtude da lei do país onde a sentença arbitral foi proferida;

III – não foi notificado da designação do árbitro ou do procedimento de arbitragem, ou tenha sido violado o princípio do contraditório, impossibilitando a ampla defesa;

IV – a sentença arbitral foi proferida fora dos limites da convenção de arbitragem, e não foi possível separar a parte excedente daquela submetida à arbitragem;

V – a instituição da arbitragem não está de acordo com o compromisso arbitral ou cláusula compromissória;

VI – a sentença arbitral não se tenha, ainda, tornado obrigatória para as partes, tenha sido anulada, ou, ainda, tenha sido suspensa por órgão judicial do país onde a sentença arbitral for prolatada.

Art. 39 Também será denegada a homologação para o reconhecimento ou execução da sentença arbitral estrangeira, se o Supremo Tribunal Federal constatar que:

I – segundo a lei brasileira, o objeto do litígio não é suscetível de ser resolvido por arbitragem;

II – a decisão ofende a ordem pública nacional.

Parágrafo único. Não será considerada ofensa à ordem pública nacional a efetivação da citação da parte residente ou domiciliada no Brasil, nos moldes da convenção de arbitragem ou da lei processual do país onde se realizou a arbitragem, admitindo-se, inclusive, a citação postal com prova inequívoca de recebimento, desde que assegure à parte brasileira tempo hábil para o exercício do direito de defesa.

Art. 40 A denegação da homologação para reconhecimento ou execução de sentença arbitral estrangeira por vícios formais, não obsta que a parte interessada renove o pedido, uma vez sanados os vícios apresentados.

Capítulo VII

Disposições Finais

Art. 41 Os arts. 267, inciso VII; 301, inciso IX; e 584, inciso III, do Código de Processo Civil passam a ter a seguinte redação:

"Art. 267 (...)

VII – pela convenção de arbitragem;"

"Art. 301 (...)

IX – convenção de arbitragem;"

"Art. 584 (...)

III – a sentença arbitral e a sentença homologatória de transação ou de conciliação;".

Art. 42 O art. 520 do Código de Processo Civil passa a ter mais um inciso, com a seguinte redação:

"Art. 520 (...)

VI – julgar procedente o pedido de instituição de arbitragem.".

Art. 43 Esta Lei entrará em vigor sessenta dias após a data de sua publicação.

Art. 44 Ficam revogados os arts. 1.037 a 1.048 da **Lei nº 3.071, de 1º de janeiro de 1916**, Código Civil Brasileiro; os arts. **101** e **1.072 a 1.102**

da Lei nº 5.869, de 11 de janeiro de 1973, Código de Processo Civil; e demais disposições em contrário.

Brasília, 23 de setembro de 1996; 175º da Independência e 108º da República.

FERNANDO HENRIQUE CARDOSO
Nelson A. Jobim

ANEXO

3

Resolução

RESOLUÇÃO N° 9, DE 29 DE SETEMBRO DE 2004

Institui as Diretrizes Curriculares Nacionais do Curso de Graduação em Direito e dá outras providências.

O Presidente da Câmara de Educação Superior do Conselho Nacional de Educação, no uso de suas atribuições legais, com fundamento no art. 9º, § 2º, alínea "c", da Lei nº 4.024, de 20 de dezembro de 1961, com a redação dada pela Lei nº 9.131, de 25 de novembro de 1995, tendo em vista as diretrizes e os princípios fixados pelos Pareceres CES/CNE nos 776/97, 583/2001, e 100/2002, e as Diretrizes Curriculares Nacionais elaboradas pela Comissão de Especialistas de Ensino de Direito, propostas ao CNE pela SESu/MEC, considerando o que consta do Parecer CES/CNE 55/2004 de 18/2/2004, reconsiderado pelo Parecer CNE/CES 211, aprovado em 8/7/2004, homologado pelo Senhor Ministro de Estado da Educação em 23 de setembro de 2004, resolve:

Art. 1º A presente Resolução institui as Diretrizes Curriculares do Curso de Graduação em Direito, Bacharelado, a serem observadas pelas Instituições de Educação Superior em sua organização curricular.

Art. 2º A organização do Curso de Graduação em Direito, observadas as Diretrizes Curriculares Nacionais se expressa através do seu projeto pedagógico, abrangendo o perfil do formando, as competências e habilidades, os conteúdos curriculares, o estágio curricular supervisionado, as atividades complementares, o sistema de avaliação, o trabalho de curso como componente curricular obrigatório do curso, o regime acadêmico de oferta, a duração do curso, sem prejuízo de outros aspectos que tornem consistente o referido projeto pedagógico.

§ 1° O Projeto Pedagógico do curso, além da clara concepção do curso de Direito, com suas peculiaridades, seu currículo pleno e sua operacionalização, abrangerá, sem prejuízo de outros, os seguintes elementos estruturais:

I - concepção e objetivos gerais do curso, contextualizados em relação às suas inserções institucional, política, geográfica e social;

II - condições objetivas de oferta e a vocação do curso;

III - cargas horárias das atividades didáticas e da integralização do curso;

IV - formas de realização da interdisciplinaridade;

V - modos de integração entre teoria e prática;

VI - formas de avaliação do ensino e da aprendizagem;

VII - modos da integração entre graduação e pós-graduação, quando houver;

VIII - incentivo à pesquisa e à extensão, como necessário prolongamento da atividade de ensino e como instrumento para a iniciação científica;

IX - concepção e composição das atividades de estágio curricular supervisionado, suas diferentes formas e condições de realização, bem como a forma de implantação e a estrutura do Núcleo de Prática Jurídica;

X -concepção e composição das atividades complementares; e,

XI - inclusão obrigatória do Trabalho de Curso.

§ 2º Com base no princípio de educação continuada, as IES poderão incluir no Projeto Pedagógico do curso, oferta de cursos de pós-graduação *lato sensu*, nas respectivas modalidades, de acordo com as efetivas demandas do desempenho profissional.

Art. 3 O curso de graduação em Direito deverá assegurar, no perfil do graduando, sólida formação geral, humanística e axiológica, capacidade de análise, domínio de conceitos e da terminologia jurídica, adequada argumentação, interpretação e valorização dos fenômenos jurídicos e sociais, aliada a uma postura reflexiva e de visão crítica que fomente a capacidade e a aptidão para a aprendizagem autônoma e dinâmica, indispensável ao exercício da Ciência do Direito, da prestação da justiça e do desenvolvimento da cidadania.

Art. 4 O curso de graduação em Direito deverá possibilitar a formação profissional que revele, pelo menos, as seguintes habilidades e competências:

I - leitura, compreensão e elaboração de textos, atos e documentos jurídicos ou normativos, com a devida utilização das normas técnico-jurídicas;

II - interpretação e aplicação do Direito;

III - pesquisa e utilização da legislação, da jurisprudência, da doutrina e de outras fontes do Direito;

IV - adequada atuação técnico-jurídica, em diferentes instâncias, administrativas ou judiciais, com a devida utilização de processos, atos e procedimentos;

V - correta utilização da terminologia jurídica ou da Ciência do Direito;

VI - utilização de raciocínio jurídico, de argumentação, de persuasão e de reflexão crítica;

VII - julgamento e tomada de decisões; e,

VIII - domínio de tecnologias e métodos para permanente compreensão e aplicação do Direito.

Art. 5 O curso de graduação em Direito deverá contemplar, em seu Projeto Pedagógico e em sua Organização Curricular, conteúdos e atividades que atendam aos seguintes eixos interligados de formação:

I - Eixo de Formação Fundamental, tem por objetivo integrar o estudante no campo, estabelecendo as relações do Direito com outras áreas do saber, abrangendo dentre outros, estudos que envolvam conteúdos essenciais sobre Antropologia, Ciência Política, Economia, Ética, Filosofia, História, Psicologia e Sociologia.

II - Eixo de Formação Profissional, abrangendo, além do enfoque dogmático, o conhecimento e a aplicação, observadas as peculiaridades dos diversos ramos do Direito, de qualquer natureza, estudados sistematicamente e contextualizados segundo a evolução da Ciência do Direito e sua aplicação às mudanças sociais, econômicas, políticas e culturais do Brasil e suas relações internacionais, incluindo-se necessariamente, dentre outros condizentes com o projeto pedagógico, conteúdos essenciais sobre Direito Constitucional, Direito Administrativo, Direito Tributário, Direito Penal, Direito Civil, Direito Empresarial, Direito do Trabalho, Direito Internacional e Direito Processual; e

III - Eixo de Formação Prática, objetiva a integração entre a prática e os conteúdos teóricos desenvolvidos nos demais Eixos, especialmente nas atividades relacionadas com o Estágio Curricular Supervisionado, Trabalho de Curso e Atividades Complementares.

Art. 6 A organização curricular do curso de graduação em Direito estabelecerá expressamente as condições para a sua efetiva conclusão e integralização curricular de acordo com o regime acadêmico que as Instituições de Educação Superior adotarem: regime seriado anual; regime seriado semestral; sistema de créditos com matrícula por disciplina ou por módulos acadêmicos, com a adoção de pré-requisitos, atendido o disposto nesta Resolução.

Art. 7 O Estágio Supervisionado é componente curricular obrigatório, indispensável à consolidação dos desempenhos profissionais desejados, inerentes ao perfil do formando, devendo cada instituição, por seus colegiados próprios, aprovar o correspondente regulamento, com suas diferentes modalidades de operacionalização.

§ 1º O Estágio de que trata este artigo será realizado na própria instituição, através do Núcleo de Prática Jurídica, que deverá estar estruturado e operacionalizado de acordo com regulamentação própria, aprovada pelo conselho competente, podendo, em parte, contemplar convênios com outras entidades ou instituições e escritórios de advocacia; em serviços de assistência judiciária implantados na instituição, nos órgãos do Poder Judiciário, do Ministério Público e da Defensoria Pública ou ainda em departamentos jurídicos oficiais, importando, em qualquer caso, na supervisão das atividades e na elaboração de relatórios que deverão ser encaminhados à Coordenação de Estágio das IES, para a avaliação pertinente.

§ 2º As atividades de Estágio poderão ser reprogramadas e reorientadas de acordo com os resultados teórico-práticos gradualmente revelados pelo aluno, na forma definida na regulamentação do Núcleo de Prática

Jurídica, até que se possa considerá-lo concluído, resguardando, como padrão de qualidade, os domínios indispensáveis ao exercício das diversas carreiras contempladas pela formação jurídica.

Art. 8 As atividades complementares são componentes curriculares enriquecedores e complementadores do perfil do formando, possibilitam o reconhecimento, por avaliação de habilidades, conhecimento e competência do aluno, inclusive adquirida fora do ambiente acadêmico, incluindo a prática de estudos e atividades independentes, transversais, opcionais, de interdisciplinaridade, especialmente nas relações com o mercado do trabalho e com as ações de extensão junto à comunidade.

Parágrafo único. A realização de atividades complementares não se confunde com a do Estágio Supervisionado ou com a do Trabalho de Curso.

Art. 9 As Instituições de Educação Superior deverão adotar formas específicas e alternativas de avaliação, interna e externa, sistemáticas, envolvendo todos quantos se contenham no processo do curso, centradas em aspectos considerados fundamentais para a identificação do perfil do formando.

Parágrafo único. Os planos de ensino, a serem fornecidos aos alunos antes do início de cada período letivo, deverão conter, além dos conteúdos e das atividades, a metodologia do processo de ensino-aprendizagem, os critérios de avaliação a que serão submetidos e a bibliografia básica.

Art. 10 O Trabalho de Curso é componente curricular obrigatório, desenvolvido individualmente, com conteúdo a ser fixado pelas Instituições de Educação Superior em função de seus Projetos Pedagógicos.

Parágrafo único. As IES deverão emitir regulamentação própria aprovada por Conselho competente, contendo, necessariamente, critérios, procedimentos e mecanismos de avaliação, além das diretrizes técnicas relacionadas com a sua elaboração.

Art. 11 A duração e carga horária dos cursos de graduação serão estabelecidas em Resolução da Câmara de Educação Superior.

Art. 12 As Diretrizes Curriculares Nacionais desta Resolução deverão ser implantadas pelas Instituições de Educação Superior, obrigatoriamente, no prazo máximo de dois anos, aos alunos ingressantes, a partir da publicação desta.

Parágrafo único. As IES poderão optar pela aplicação das DCN aos demais alunos do período ou ano subseqüente à publicação desta.

Art. 13 Esta Resolução entrará em vigor na data de sua publicação, ficando revogada a Portaria Ministerial n° 1.886, de 30 de dezembro de 1994 e demais disposições em contrário.

EDSON DE OLIVEIRA NUNES (Publicado no DOU nº 190, de 1º/10/2004, seção 1, págs. 17/18)

BRASIL, Leis e Decretos, etc.. Lei nº 9.307 de 23 de setembro de 1996, disponível em http://www.portalmec.gov.br, acesso em 30 de janeiro de 2008.

Substitutivo

COMISSÃO DE CONSTITUIÇÃO E JUSTIÇA E DE CIDADANIA
SUBSTITUTIVO AO PROJETO DE LEI No 4.827-C, DE 1998
(do Senado Federal)

Institucionaliza e disciplina a mediação, com método de prevenção e solução consensual de conflitos.

Autor: Senado Federal
Relator: Deputado José Eduardo Cardozo

I - RELATÓRIO

O projeto de lei em epígrafe busca disciplinar o instituto da mediação, conceituando-o como "a atividade técnica exercida por terceira pessoa, que escolhida ou aceita pelas partes interessadas, as escuta e orienta com o propósito de lhes permitir que, de modo consensual, previnam ou solucionem conflitos".

A Proposição foi aprovada pelo Plenário da Casa e enviada ao Senado Federal, que a aprovou na forma de Substitutivo.

Compete a esta Comissão de Constituição e Justiça e de Cidadania analisar a proposta sob os aspectos de constitucionalidade, juridicidade, técnica legislativa e mérito, sendo a apreciação final do Plenário da Casa.

É o Relatório.

II - VOTO DO RELATOR

Da mesma forma como ocorreu quando da apreciação da Proposição anteriormente, pelo Plenário da Casa, não há no Substitutivo do Senado Federal vícios de natureza constitucional, que o inviabilizem totalmente, de juridicidade ou de técnica legislativa.

O substitutivo apresentado pelo Senado inova ao permitir que o poder público exerça controle sobre a qualidade da mediação. A atenção voltada para itens como a formação do mediador, as condições do local em que a mediação deverá ser realizada e a atribuição do poder de fiscalização ao Tribunal de Justiça, à Defensoria Pública e à Ordem dos Advogados do Brasil tem como objetivo assegurar a qualidade do serviço prestado ao jurisdicionado.

Apesar de entendermos que o conceito de mediação é muito mais abrangente do que aquele delimitado no presente projeto, conforme oportunamente lembrado pelo Instituto Brasileiro de Direito de Família, representado pelas Doutoras Giselle Groeninga e Águida Barbosa, o que deverá ser levado em conta nas regulamentações futuras sobre essa matéria, parece-nos que o substitutivo apresentado pelo Senado melhorou substancialmente o projeto inicial aprovado pela Câmara.

A adoção da mediação como método alternativo para a prevenção e solução de conflitos servirá como mais uma porta para o acesso à justiça disponível para toda a sociedade. Além disso, esse instrumento terá grande importância para aliviar a demanda enfrentada atualmente pelo Poder Judiciário.

Por meio da mediação extrajudicial, qualquer profissional poderá atuar de modo a estimular e facilitar o diálogo entre as partes envolvidas num conflito, de modo a permitir que as mesmas cheguem a um entendimento, solução que nos parece ser a mais condizente com o objetivo de pacificação social perseguido pela função jurisdicional do Estado.

Dessa forma, a mediação representa um mecanismo alternativo ao processo judicial, no qual verifica-se a priorização do entendimento entre as partes, em detrimento da intervenção de um terceiro externo à relação jurídica controvertida, daí a sua maior efetividade na solução dos conflitos, resultando na redução da quantidade de ações propostas e também do número de recursos interpostos junto aos tribunais.

Pelo exposto, nosso voto é pela constitucionalidade juridicidade, boa técnica legislativa e no mérito pela aprovação do Substitutivo do Senado Federal ao Projeto de Lei nº 4.827-C, de 1998.

Sala da Comissão, em .... de .... de 2006.

Deputado **JOSÉ EDUARDO CARDOZO**
Relator

BRASIL, Leis e Decretos, etc.. Lei nº 9.307 de 23 de setembro de 1996, disponível em http://www.camarados deputados.gov.br, acesso em 30 de janeiro de 2008.

Projeto e lei de mediação nos conflitos de direto penal

CÂMARA DOS DEPUTADOS
PROJETO DE LEI N°........., DE 2006
(Da Comissão de Legislação Participativa) SUG n° 099/2005

Propõe alterações no Decreto-Lei nº 2.848, de 7 de dezembro de 1940, no Decreto-Lei nº 3.689, de 3 de outubro de 1941, e na Lei nº 9.099, de 26 de setembro de 1995, para facultar o uso de procedimentos de Justiça Restaurativa no sistema de justiça criminal, em casos de crimes e contravenções penais.

Art. 1º Esta lei regula o uso facultativo e complementar de procedimentos de justiça restaurativa no sistema de justiça criminal, em casos de crimes e contravenções penais.

Art. 2º Considera-se procedimento de justiça restaurativa o conjunto de práticas e atos conduzidos por facilitadores, compreendendo encontros entre a vítima e o autor do fato delituoso e, quando apropriado, outras pessoas ou membros da comunidade afetados, que participarão coletiva e ativamente na resolução dos problemas causados pelo crime ou pela contravenção, num ambiente estruturado denominado núcleo de justiça restaurativa.

Art. 3º O acordo restaurativo estabelecerá as obrigações assumidas pelas partes, objetivando suprir as necessidades individuais e coletivas das pessoas envolvidas e afetadas pelo crime ou pela contravenção.

Art. 4º Quando presentes os requisitos do procedimento restaurativo, o juiz, com a anuência do Ministério Público, poderá enviar peças de informação, termos circunstanciados, inquéritos policiais ou autos de ação penal ao núcleo de justiça restaurativa.

Art. 5º O núcleo de justiça restaurativa funcionará em local apropriado e com estrutura adequada, contando com recursos materiais e humanos para funcionamento eficiente.

Art. 6º O núcleo de justiça restaurativa será composto por uma coordenação administrativa, uma coordenação técnica interdisciplinar e uma equipe de facilitadores, que deverão atuar de forma cooperativa e integrada.

§ 1º À coordenação administrativa compete o gerenciamento do núcleo, apoiando as atividades da coordenação técnica interdisciplinar.

§ 2º À coordenação técnica interdisciplinar, que será integrada por profissionais da área de psicologia e serviço social, compete promover a seleção, a capacitação e a avaliação dos facilitadores, bem como a supervisão dos procedimentos restaurativos.

§ 3º Aos facilitadores, preferencialmente profissionais das áreas de psicologia e serviço social, especialmente capacitados para essa função, cumpre preparar e conduzir o procedimento restaurativo.

Art. 7º Os atos do procedimento restaurativo compreendem:

a) consultas às partes sobre se querem, voluntariamente, participar do procedimento;

b) entrevistas preparatórias com as partes, separadamente;

c) encontros restaurativos objetivando a resolução dos conflitos que cercam o delito.

Art. 8º O procedimento restaurativo abrange técnicas de mediação pautadas nos princípios restaurativos.

Art. 9º Nos procedimentos restaurativos deverão ser observados os princípios da voluntariedade, da dignidade humana, da imparcialidade, da razoabilidade, da proporcionalidade, da cooperação, da informalidade, da confidencialidade, da interdisciplinariedade, da responsabilidade, do mútuo respeito e da boa-fé.

Parágrafo Único. O princípio da confidencialidade visa proteger a intimidade e a vida privada das partes.

Art. 10 Os programas e os procedimentos restaurativos deverão constituir-se com o apoio de rede social de assistência para encaminhamento das partes, sempre que for necessário, para viabilizar a reintegração social de todos os envolvidos.

Art. 11 É acrescentado ao artigo 107, do Decreto-Lei nº 2.848, de 7 de dezembro de 1940, o inciso X, com a seguinte redação:

X pelo cumprimento efetivo de acordo restaurativo.

Art. 12 É acrescentado ao artigo 117, do Decreto-Lei nº 2.848, de 7 de dezembro de 1940, o inciso VII, com a seguinte redação:

VII pela homologação do acordo restaurativo até o seu efetivo cumprimento.

Art. 13 É acrescentado ao artigo 10, do Decreto-lei n. 3.689, de 3 de outubro de 1941, o parágrafo quarto, com a seguinte redação:

§ 4º A autoridade policial poderá sugerir, no relatório do inquérito, o encaminhamento das partes ao procedimento restaurativo.

Art. 14 São acrescentados ao artigo 24, do Decreto-lei n. 3.689, de 3 de outubro de 1941, os parágrafos terceiro e quarto, com a seguinte redação:

§ 3º Poderá o juiz, com a anuência do Ministério Público, encaminhar os autos de inquérito policial a núcleos de justiça restaurativa, quando vítima e infrator manifestarem, voluntariamente, a intenção de se submeterem ao procedimento restaurativo.

§ 4º Poderá o Ministério Público deixar de propor ação penal enquanto estiver em curso procedimento restaurativo.

Art. 15 Fica introduzido o artigo 93 A no Decreto-lei n. 3.689, de 3 de outubro de 1941, com a seguinte redação:

Art. 93A O curso da ação penal poderá ser também suspenso quando recomendável o uso de práticas restaurativas.

Art. 16 Fica introduzido o Capítulo VIII, com os artigos 556, 557, 558, 559, 560, 561 e 562, no Decreto-lei n. 3.689, de 3 de outubro de 1941, com a seguinte redação:

CAPÍTULO VIII
DO PROCESSO RESTAURATIVO

Art. 556 Nos casos em que a personalidade e os antecedentes do agente, bem como as circunstâncias e conseqüências do crime ou da contravenção penal, recomendarem o uso de práticas restaurativas, poderá o juiz, com a anuência do Ministério Público, encaminhar os autos a núcleos de justiça restaurativa, para propiciar às partes a faculdade de optarem, voluntariamente, pelo procedimento restaurativo.

Art. 557 Os núcleos de justiça restaurativa serão integrados por facilitadores, incumbindo-lhes avaliar os casos, informar as partes de forma clara e precisa sobre o procedimento e utilizar as técnicas de mediação que forem necessárias para a resolução do conflito.

Art. 558 O procedimento restaurativo consiste no encontro entre a vítima e o autor do fato e, quando apropriado, outras pessoas ou membros da comunidade afetados, que participarão coletiva e ativamente na resolução dos problemas causados pelo crime ou contravenção, com auxílio de facilitadores.

Art. 559 Havendo acordo e deliberação sobre um plano restaurativo, incumbe aos facilitadores, juntamente com os participantes, reduzi-lo a termo, fazendo dele constar as responsabilidades assumidas e os programas restaurativos, tais como reparação, restituição e prestação de serviços comunitários, objetivando suprir as necessidades individuais e coletivas das partes, especialmente a reintegração da vítima e do autor do fato.

Art. 560 Enquanto não for homologado pelo juiz o acordo restaurativo, as partes poderão desistir do processo restaurativo. Em caso de desistência ou descumprimento do acordo, o juiz julgará insubsistente o procedimento restaurativo e o acordo dele resultante, retornando o processo ao seu curso original, na forma da lei processual.

Art. 561 O facilitador poderá determinar a imediata suspensão do procedimento restaurativo quando verificada a impossibilidade de prosseguimento.

Art. 562 O acordo estaurativo deverá necessariamente servir de base para a decisão judicial final.

Parágrafo Único – Poderá o Juiz deixar de homologar acordo restaurativo firmado sem a observância dos princípios da razoabilidade e da proporcionalidade ou que deixe de atender às necessidades individuais ou coletivas dos envolvidos.

Art. 17 Fica alterado o artigo 62, da Lei 9.099, de 26 de setembro de 1995, que passa a vigorar com a seguinte redação:

Art. 62 O processo orientar-se-á pelos critérios da oralidade, simplicidade, informalidade, economia processual e celeridade, buscando-se, sempre que possível, a conciliação, a transação e o uso de práticas restaurativas.

Art. 18 É acrescentado o parágrafo segundo ao artigo 69, da Lei 9.099, de 26 de setembro de 1995, com a seguinte redação:

§ 2º A autoridade policial poderá sugerir, no termo circunstanciado, o encaminhamento dos autos para procedimento restaurativo.

Art. 19 É acrescentado o parágrafo sétimo ao artigo 76, da Lei 9.099, de 26 de setembro de 1995, com o seguinte teor:

§ 7º Em qualquer fase do procedimento de que trata esta Lei o Ministério Público poderá oficiar pelo encaminhamento das partes ao núcleo de justiça restaurativa.

Art. 20 Esta lei entrará em vigor um ano após a sua publicação.

Sala das Sessões, em .... de .... de 2006.

Deputado **GERALDO THADEU**
Presidente

BRASIL, Leis e Decretos, etc.. Lei nº 9.307 de 23 de setembro de 1996, disponível em http://www.camaradosdeputados.gov.br, acesso em 30 de janeiro de 2008.

Bibliografia

AGUILLAR, Fernando Herren (2003). *Metodologia da Ciência do Direito*, 3. ed., São Paulo: Editora Max Limonad.

ALCHOURRÓN, Carlos E. e BULYGIN, Eugenio (1974). *Introducción a la Metodología en las Ciencias Jurídicas y Sociales*, Buenos Aires: Editorial Astrea.

ALVARENGA, Maria Amália de F. P. e ROSA, Maria Virgínia, de F. P. C. (2003). *Apontamentos de Metodologia para Ciência e Técnicas de Redação Científica (Monografias, Dissertações e Teses)*, 3. ed., Porto Alegre: Sérgio Antônio Fabris Editor.

ARRUDA JR., Edmundo de (1991/1992). *Lições de Direito Alternativo 1 e 2*. São Paulo: Editora Acadêmica.

ASTIVERA, Armando (1983). *Metodologia da Pesquisa Científica*, 7. ed., Porto Alegre: Editora Globo.

BAUMGARTEN, Maíra (org.) (2001). *A Era do Conhecimento:* Matrix ou Agora?, Porto Alegre/Brasília: Editora da URGS/ Editora da UNB.

BISOL, Jairo. (1999) *Mediação e Modernidade: sítios para uma reflexão crítica* em *Nome do Acordo*, Luis Alberto Warat (org.) 2. ed. Argentina: Editada por Associação Latinoamericana de Mediação, Metodologia e Ensino do Direito - Almed.

BITTAR, Eduardo C. B. (2001). *Metodologia da Pesquisa Jurídica* - teoria e prática da monografia para os cursos de direito, São Paulo: Editora Saraiva

BOBBIO, Norberto (1989). *Teoria do Ordenamento Jurídico*, Brasília: Editora da UNB; São Paulo: Editora Polis.

BOURDIEU, Pierre (1989). *O Poder Simbólico*, Lisboa: DIFEL/Rio de Janeiro: Editora Bertrand Brasil S.A.

CABALEIRO, Marisol S. (2003). *La Investigación, Acción, Participación,* em *Anuario del Centro de Investigaciones Jurídicas 2003,* Ciudad de la Habana, Cuba, Taller de Imprenta el Minjus.

CALLAZANS, Julieta (org.). (2002). *Iniciação Científica:* Construindo o Pensamento Crítico, 2. ed., São Paulo: Cortez Editora.

CAMARGO, Aspásia (1984). *Os Usos da História Oral e da História de Vida:* trabalhando com elites políticas, em *Dados, Revista de Ciências Sociais,* vol. 27, n. 1, p. 14 e s.

CAMARGO, Margarida Lacombe (2003). *Hermenêutica e Argumentação:* uma contribuição ao estudo do Direito, 3. ed., Rio de Janeiro: Renovar.

CAMILLO, Carlos Eduardo N. e FERRON, Fabiana (2001). *Monografia Jurídica* – uma abordagem didática, Belo Horizonte: Del Rey Editora Ltda.

CHAUÍ, Marilena (2006). *Convite à Filosofia,* 13. ed., São Paulo: Editora Ática.

COOLEY, John W. (2001). *A Advocacia na Mediação,* Brasília: Editora da UNB.

COSSIO, Carlos (1964). *La Teoría Egológica del Derecho y el Concepto Jurídico de Libertad,* Buenos Aires: Abeledo-Perrot.

COSTA, Sérgio Francisco (2001). *Método Científico* – os caminhos da investigação, São Paulo: Editora Harbra Ltda.

COSTA, Nelson Nery (2006). *Monografia Jurídica Brasileira,* Rio de Janeiro: Editora Forense.

DEMO, Pedro (1983). *Introdução à Metodologia da Ciência,* São Paulo: Editora Atlas S.A.

________. (2001). *Saber Pensar,* 2. ed., São Paulo: Cortez Editora.

DWORKIN, Ronald (1999). *O Império das Leis,* São Paulo: Editora Martins Fontes.

ECO, Umberto (2001). *Como se Faz uma Tese,* 16. ed., São Paulo: Editora Perspectiva S.A.

FALCÃO, Joaquim de Arruda (1999). *Mudança Social e Reforma Legal:* estudos para uma nova legislação do Terceiro Setor, Brasília: Conselho da Comunidade Solidária: Unesco: BID; FBB. Série Marco Legal. Terceiro Setor.

FAORO, Raymundo (1975). *Os Donos do Poder:* formação do patrimônio brasileiro, Porto Alegre: Editora Globo.

FERRAZ JR., Tércio Sampaio (2003). *Introdução ao Estudo do Direito:* técnica, decisão, dominação, 4. ed., São Paulo: Editora Atlas S.A.

_______. (1984). *Existe um Espaço no Saber Jurídico Atual para uma Teoria Crítica?* em *Crítica do Direito e do Estado*, Rio de Janeiro: Edições Graal.

FERREIRA, Aparecido Hernani (2000). *Dano Moral:* como consequência de indiciamento em inquérito policial, São Paulo: Editora Juarez de Oliveira.

FIGUEIREDO, Antonio Macena de e SOUZA, Soraia Riva Goudinho (2005). *Como Elaborar Projetos, Monografias, Dissertações e Teses:* da redação científica à apresentação do texto final, Rio de Janeiro: Lumen Juris Editora.

FONSECA, Maria Guadalupe Piragibe (2002). *Ligações Melindrosas:* uma reflexão a respeito da Sociologia aplicada ao Direito, em *Ou Isto ou Aquilo*, Rio de Janeiro: Editora Letra Capital.

_______. (2004). *Cultura Jurídica e Eficácia Normativa* em *Direito em Revista: 20 anos de pesquisa.* M. G. Piragibe da Fonseca e Rosângela Cavallazzi (org.), Rio de Janeiro: Letra Capital, Centro de Documentação e Pesquisa da OAB-RJ e Uniganrio.

FONSECA, Roberto Piragibe da e M. G. Piragibe da Fonseca (1983). *Introdução ao Estudo do Direito,* 6. ed., Rio de Janeiro: Editora Freitas Bastos.

FREITAS, Maria Teresa e KRAMER, Solange J. S. (2003). *Ciências Humanas e Pesquisa*: leituras de Mikhail Bakhtin, São Paulo: Editora Cortez.

GEERTZ, Clifford (1989). *A Interpretação das Culturas*, Rio de Janeiro: Editora Guanabara Koogan.

_______. (2001). *Nova Luz sobre a Antropologia*, Rio de Janeiro, Jorge Zahar Editor.

GOLDENBERG, Mirian (2000). *A Arte de Pesquisar,* 4. ed., Rio de Janeiro: Editora Record.

GOMES, Orlando (1983). *Novos Temas de Direito Civil*, Rio de Janeiro: Editora Forense.

GUSTIN, Miracy B. S. e DIAS, Maria Thereza F. (2002). *(Re)pensando a Pesquisa Jurídica – teoria e prática*, Belo Horizonte: Del Rey Editora Ltda.

HART, Herbert (1994). *O Conceito do Direito,* 2. ed., Lisboa: Fundação Calouste Gulbenkian.

HENRIQUES, Antonio e MEDEIROS, João Bosco (2004). *Monografia no Curso de Direito* – trabalho de conclusão de curso, 4. ed., São Paulo: Editora Atlas S.A.

IHERING, Rudolf von (1974). *Bromas y Veras en la Jurisprudencia*, Buenos Aires: Ediciones Jurídicas Europa-America.

ISKANDAR, Jamil Ibrahim (2007). *Normas da ABNT comentadas para trabalhos científicos,* 2. ed., Curitiba: Juruá Editora.

JUNQUEIRA, Eliane Botelho e outros (1997). *Juízes:* retrato em preto e branco. Rio de Janeiro: Editora Letra Capital e OAB-RJ.

_______. (2002). *Geléia Geral:* o ensino da Sociologia Jurídica nas Faculdades de Direito em *Ou Isto ou Aquilo: a Sociologia Jurídica nas Faculdades de Direito,* Elane Botelho Junqueira e Luciano de Oliveira (org.). Rio de Janeiro: Letra Capital e IDES.

KELSEN, Hans (1986). *Teoria da Norma Jurídica,* Porto Alegre: Sérgio Antônio Fabris Editor.

_______. (1962). *Teoria Pura do Direito,* vols. I e II, 2. ed. Coimbra: Armênio Amado Editor.

KÖCHE, José Carlos (2000). *Fundamentos e Metodologia Científica:* teoria da ciência e prática da pesquisa, 18. ed., Petrópolis: Editora Vozes.

KUHN, Thomas S. (1989). *A Estrutura das Revoluções Científicas,* 3. ed. São Paulo: Editora Perspectiva.

LAKATOS, Eva Maria e MARCONI, Marina de Andrade (1986). *Metodologia Científica,* São Paulo: Editora Atlas S.A.

LEITE, Eduardo de Oliveira (2003). *A monografia jurídica,* 6. ed., São Paulo: Editora Revista dos Tribunais.

LIMA, Manolita Correia (2004). *Monografia:* a Engenharia da Produção Acadêmica, São Paulo: Editora Saraiva.

LYRA FILHO, Roberto (1983). *O que é Direito?,* 3. ed., Rio de Janeiro: Editora Brasiliense, Coleção Primeiros Passos.

MARCHI, Eduardo C. Silveira (2001). *Guia de Metodologia Jurídica: (teses, monografias, artigos),* Lecce, Itália, Edizione del Grifo.

MARINHO, Pedro (1980). *Pesquisa em Ciências Humanas,* Petrópolis: Editora Vozes.

MARQUES, Claudia Lima (1999). *Contratos no Código de Defesa do Consumidor,* 3. ed. São Paulo: Editora Revista dos Tribunais.

MARQUES NETO, Agostinho Ramalho (1982). *Ciência do Direito:* conceito, objeto e método. Rio de Janeiro: Editora Forense.

MAXIMILIANO, Carlos (1979). *Hermenêutica e Aplicação do Direito.* Rio de Janeiro: Editora Forense.

MINAYO, Maria Cecília de Souza (org.) (1994), *Pesquisa Social: teoria, método e criatividade*, 4. ed., Petrópolis: Editora Vozes.

MIRANDA ROSA, Felippe Augusto de (1970). *Sociologia Jurídica*: o fenômeno jurídico como fato social, Rio de Janeiro: Zahar Editores.

MONTEIRO, Geraldo Tadeu M. e SAVEDRA, Mônica Maria G. (2001). *Metodologia da Pesquisa Jurídica*: manual para elaboração e apresentação de monografias, Rio de Janeiro/São Paulo: Renovar.

MORAIS, José Luís Bolzan de (1996). *Do direito social aos interesses transindividuais*: o Estado e o direito na ordem comtempôranea, Porto Alegre: Livraria do Advogado.

NEVES, Marcelo (1994). *A Constitucionalização Simbólica*, São Paulo: Editora Acadêmica.

PASOLD, César Luiz (1999). *Prática da Pesquisa Jurídica:* ideias e ferramentas úteis para o pesquisador do direito, Florianópolis: OAB/SC Editora.

PEREIRA, Júlio César Rodrigues (2001). *Análise de Dados Qualitativos:* estratégias metodológicas para as ciências da saúde, humanas e sociais, 3. ed., São Paulo: Editora da USP.

PERLINGIERI, Pietro (1997). *Perfis do Direito Civil*: Introdução ao Direito Civil e Constitucional, Rio e Janeiro: Renovar.

PRESSBURGER, Miguel (1991). *Direito Insurgente*: o Direito dos oprimidos, em *Lições de Direito Alternativo 1*, Edmundo de Arruda Jr. (org.). São Paulo: Editora Acadêmica.

REALE, Miguel (1968). *Teoria Tridimensional do Direito*, São Paulo: Editora Saraiva.

________ . (1979). *Lições Preliminares de Direito*, 6. ed. São Paulo: Editora Saraiva.

RODRIGUES, Horácio Wanderley (org.) (2000). *O Direito no Terceiro Milênio*. Canoas/RG: Editora da Universidade Luterana do Brasil (Ulbra).

SANTOS, Boaventura de Souza (1988). *Introdução a uma Ciência Pós-Moderna*, Rio de Janeiro: Edições Graal.

________ . (1988). *O Discurso e o Poder:* ensaio sobre a sociologia da retórica jurídica. Porto Alegre: Sérgio Antônio Fabris Editor.

SPECTOR, Nelson (2002). *Manual para Redação de Teses, Projetos de Pesquisa e Artigos Científicos*, 2. ed., Rio de Janeiro: Editora Guanabara Koogan S.A.

SCAVONE, Junior, Luiz Antonio (2008). *Manual de Arbitragem*, São Paulo: Editora Revista dos Tribunais.

SAVIGNY, Friedrich Karl von (2001). *Metodologia Jurídica,* Campinas: Edicamp.

SEABRA, Giovanni de Farias (2001). *Pesquisa Científica:* o método em questão, Brasília: Editora da UNB

SOBRINHO, José Wilson Ferreira (1997). *Pesquisa em Direito e Redação de Monografia Jurídica,* Porto Alegre: Sérgio Antônio Fabris Editor.

STRUCHINER, Noel (2002). *Direito e Linguagem:* uma análise da textura aberta da linguagem e sua aplicação ao Direito, Rio de Janeiro: Renovar.

TARELLO, Giovanni (1995). *Cultura Jurídica y Política del Derecho,* México: Fondo de Cultura Económica.

URDANOZ, Teófilo (1978). *Historia de la Filosofía,* vol. VI, Madrid: Biblioteca de Autores Cristianos de Edica S.A.

VASCONCELOS, Carlos Eduardo (2008). *Mediação de Conflitos e Práticas Restaurativas,* São Paulo: Editora Método.

VIEGAS, Waldir (1999). *Fundamentos de Metodologia Científica,* 2. ed., Brasília: Paralelo 15/ Editora da UNB.

VIEHWEG, Theodor (1964). *Tópica y Jurisprudencia,* Madrid: Taurus Ediciones S.A.

WARAT, Luis Alberto (org.) (1999). *Em Nome do Acordo:* a mediação no Direito, Argentina: Editada por Associação Latinoamericana de Mediação, Metodologia e Ensino do Direito – Almed.

________. (1976). *El Derecho y su Lenguaje,* Buenos Aires: Cooperadora de Derecho y Ciencias Sociales.

WEIL, Pierre (1989). *Holística:* uma nova visão e abordagem do real, São Paulo: Editora Summus.

________. (1972). *Semiótica y Derecho,* Buenos Aires: Ediciones Ekon.

WOLKMER, Antonio Carlos (2001). *Introdução ao Pensamento Jurídico Crítico,* 3. ed., São Paulo: Editora Saraiva

Impresso nas oficinas da SERMOGRAF - ARTES GRÁFICAS E EDITORA LTDA.